셈연구시리즈 56

남북공동체를 위한

삶이 묻어나는 성경공부 2

임창복 임영희 지음

머리말

하나님의 은혜로 2019년 셈 연구시리즈 55권「히브리서와 함께하는 묵상노트 2」에 이어「남북공동체를 위한 삶이 묻어나는 성경공부 2」를 출판하게 되었습니다. 이 책이 출판되어 나올 수 있도록 함께해 주신 하나님과 후원교회들 목사님들과 이사님들, 그리고 개인후원자님들께 진실로 감사를 드립니다.

「남북공동체를 위한 삶이 묻어나는 성경공부」는 3개월 간 교회에서 사용할 수 있도록 대주제 아래 소주제 12개로 구성되었습니다. 첫 번째 책의 대주제는 '가족관계'이고, 이번에 출판되는 두 번째 책의 대주제는 '우리 삶의 모습들 : 소외의 증상들'입니다. 각 주제의 내용과 구조는 세 가지인데, 첫째는 삶에서 직면하는 문제들이 주제와 연관하여 질문형식으로 제시됩니다. 둘째는 첫 번째 질문들의 이해와 답변을 위한 주제 내용으로 구성됩니다. 그리고 셋째는 주제와 연관 성경공부와 말씀묵상 형식으로 구성됩니다.

이 책이 하나님의 동역자로서 남북공동체를 위하여 선교하시고 목회하시는 모든 이들에게 유용하게 사용될 수 있기를 기도합니다.

본 연구원은「남북공동체를 위한 삶이 묻어나는 성경공부」를 계속 연구하여 출판할 계획입니다. 이를 위하여 기도 부탁드립니다.

이 책을 접하는 모든 이들 위에 하나님의 은혜와 사랑이 넘치기를 기원합니다.

2019년 3월

사단법인 한국기독교교육교역연구원

원장 임창복 목사

추천의 말

남북공동체를 위한 성경공부교재가 필요하다는 생각으로 사단법인 한국기독교교육교역연구원에 의뢰하여 첫 번째 책이 탄생되어 많은 이들에게 도움이 되었습니다. 이와 더불어 「남북공동체를 위한 삶이 묻어나는 성경공부 2」가 나오게 되어 너무 감사합니다.

지난 시기 성경교재를 통해서 남과 북의 성도들이 하나의 공동체 안에서 회복이 되고, 서로 존중하며 서로 협력하는 아름다운 공동체의 구성원들로 만들어져 가는 모습을 보면서 성경공부의 힘을 느꼈고, 좋은 교제가 미치는 영향에 대해서도 다시금 깊이 생각해 보게 되는 계기가 되었습니다.

1995년 북한의 고난의 행군을 시작점으로 수많은 아사자가 발생했으며, 많은 북한사람들이 고향을 떠나 같은 동족인 대한민국에 와서 하나의 공동체 안에서 살아갑니다. 이제 영토의 하나 됨이 남북공동체가 하나 되는 것이라고 생각했던 것과는 다르게, 우리 주변 어디에서나 우리는 남북공동체가 형성됨을 볼 수 있습니다.

하지만 그 공동체 안에는 70년간의 갈라짐으로 인하여 생기는 문제들이 발생됩니다. 서로를 깊이 있게 이해하고 하나의 공동체로 가기 위해서 필요한 것은 서로를 알아가는 것입니다.

향후 남북공동체가 분열을 넘어서서 하나님이 바라시는 통합공동체로 가기 위해서는 먼저 하나님이 피로 사신 교회 안에서의 하나 됨이 먼저라고 생각합니다. 그 일을 위해 「남북공동체를 위한 삶이 묻어나는 성경공부 2」는 1과 마찬가지로 여러분 공동체에 큰 도전이 되도록 영향력을 주리라 믿습니다.

「남북공동체를 위한 삶이 묻어나는 성경공부 1」을 하면서 시간의 부족함을 많이 느꼈습니다. 충분한 시간을 가지고 멘토는 멘티를 이끌어 줄 필요가 있음을 느낍니다. 많은 이야기를 할 수 있는 장이 되어 그들 스스로가 말씀 속에 깊이 빠져들어 하나 된 공동체의 기둥이 되는 좋은 사람들로 성장할 수 있는 귀한 교재가 되기를 기도해 봅니다.

2019년 3월

하나목양교회 송혜연 목사 (탈북민 목회자)

주제

1.
나의 벗은 누군가?

주제와 연관된 질문 _

1. 자신과 가장 가까운 벗은 누구인가?
2. 아내 혹은 남편과 가까운 벗으로 사귐을 갖고 있는가?
3. 남과 북의 공동체에서 서로를 벗으로 여기고 있는가? 그렇다면 어떤 경우에 벗으로 느껴지는가? 아니라면 어떤 경우인가?
4. 하나님과 가깝게 느껴질 때는 언제인가?
5. 하나님과 아주 멀게 느껴질 때가 있었는가?
6. 다른 사람 누구와 가깝게 지내고 싶은 이가 있는가? 그 이유는?
7. 가정에서 외톨이라고 느껴진 경험이 있는가?
8. 사회와 직장에서 나 혼자라는 느낌으로 힘들었던 경험이 있는가?
9. 심지어 교회에서도 낯설은 느낌 혹은 경험이 있었는가?
10. 하나님을 가까이하려는 자신의 마음과 세상을 가까이하려는 자신의 마음 사이에 갈등이 있는가? 이 두 마음 사이에서 승리하는 쪽은?
11. 예수 그리스도로 인하여 멀게 만 느껴졌던 하나님과 가까워져 가는 경험이 있는가?

주제 내용 _

오늘날 사람들 사이의 사귐이 가깝지 않으므로 인하여 가정과 사회, 심지어는 교회 안에서도 소외됨을 느낀다. 이러한 사람들 사이의 소외감을 극복하려고 노력하면 할수록 우리는 우리 사이의 건널 수 없고, 메꿀 수 없는 틈새를 경험한다. 가까워지고 싶은 사람과 가까운 사귐이 어려운 것을 경험하면 할수록 우리는 우리의 자기중심적 성향을 더 깊이 보게 된다. 여기서 우리 인간의 실존의 모습은 우리가 본질적으로 마땅히 있어야 할 자리에 있는 것이 아니라 우리 인간의 본질적인 근거로부터 소외되어 있다는 것을 인정하게 된다. 성경에서는 이를 '인간을 창조하신 하나님으로부터 떠나 있는 상태'라고 말한다.

하나님을 떠난 죄로 인하여 우리 인간은 하나님과의 사귐이 단절되었다. 그래서 우리는 눈에 보이지도 않는 하나님을 알고 싶지도 않고 벗처럼 하나님과 사귐을 가지려는 마음이 약하다. 뿐만 아니라 우리는 우리 자신을 성찰하여 본래의 우리를 알려는 노력보다는 우리가 하고 싶은 대로의 삶으로 우리를 망가트릴 수도 있다. 또한 가까운 우리 주변 사람을 힘들여 이해하면서까지 사귐을 계속하기보다는 쉽게 사귐을 단절하려는 성향을 우리는 우리 자신으로부터 배운다. 이러한 우리의 성향의 치유는 하나님을 떠나 하나님과 사귐이 끊긴 채 우리 마음대로 삶을 사는 자리에서 하나님께로 돌아가, 하나님과의 사귐이 회복되도록 십자가에서 돌아가신 우리 구주 예수 그리스도의 십자가의 사랑과 능력으로 말미암아 가능하다.

예수 그리스도께서는 성령 안에서 우리가 하나님과의 사귐을 회복시키시고, 또한 성령의 역사로 하나님과 그리고 하나님의 공동체 안에서 예수 그리스도와 지속적이고 유기적인 사귐을 지금도 가능하게 하신다. 이와 같이하여 하나님과 가까운 벗으로 사귐을 갖게 되면, 우리는 우리 자신과 더불어 화평한 관계를 갖게 될 뿐만 아니라 우리 주변 가까운 사람들과도 가까운 사귐을 가질 수 있게 된다.

주제와 연관된 성경공부와 말씀묵상 _

하나님과 벗하라

본문말씀 야보고서 4:1~10

"너희 중에 싸움이 어디로부터 다툼이 어디로부터 나느냐 너희 지체 중에서 싸우는 정욕으로부터 나는 것이 아니냐 너희는 욕심을 내어도 얻지 못하여 살인하며 시기하여도 능히 취하지 못하므로 다투고 싸우는도다 너희가 얻지 못함은 구하지 아니하기 때문이요 구하여도 받지 못함은 정욕으로 쓰려고 잘못 구하기 때문이라 간음한 여인들아 세상과 벗된 것이 하나님과 원수 됨을 알지 못하느냐 그런즉 누구든지 세상과 벗이 되고자 하는 자는 스스로 하나님과 원수 되는 것이니라 너희는 하나님이 우리 속에 거하게 하신 성령이 시기하기까지 사모한다 하신 말씀을 헛된 줄로 생각하느냐 그러나 더욱 큰 은혜를 주시나니 그러므로 일렀으되 하나님이 교만한 자를 물리치시고 겸손한 자에게 은혜를 주신다 하였느니라 그런즉 너희는 하나님께 복종할지어다 마귀를 대적하라 그리하면 너희를 피하리라 하나님을 가까이하라 그리하면 너희를 가까이하시리라 죄인들아 손을 깨끗이 하라 두 마음을 품은 자들아 마음을 성결하게 하라 슬퍼하며 애통하며 울지어다 너희 웃음을 애통으로, 너희 즐거움을 근심으로 바꿀지어다 주 앞에서 낮추라 그리하면 주께서 너희를 높이시리라"

기도요점

하나님과 벗되는데 있어서 자신의 장애물은 무엇인가? 하나님을 가까이하려는 마음과 세상을 가까이하려는 마음 사이의 다툼이 자신의 내면에서 일어나고 있는가?

도움의 말

싸움과 다툼의 진원지는 인간의 육체 내에서 단순히 일어나는 '욕망'이 아니라 '쾌락' 그 자체를 삶의 목적으로 함을 뜻하는 데 있다. 이는 욕심을 내어도 얻지 못하며 시기하여도 능히 취하지 못하므로 사람은 서로 다툰다. 즉 다툼은 좌절된 욕망에서 나온다. 그러나 모든 사람에게 후히 주시는 하나님에게 구함으로써만 실제적인 만족을 얻을 수 있다. 즉 사람이 구하고 추구해야 할 대상은 오로지 하나님뿐이다.

그런데 구하여도 받지 못하는 것은 정욕으로 잘못 쓰려고 구하기 때문이다.

하나님은 진실하고 참되게 구하는 자, 자신을 낮추고 회개하는 자, 그리고 하나님의 뜻대로 구하는 자의 간구에 귀를 기울이시고 가까이하신다. 하나님을 거역하며 세상과 벗되어 자신의 쾌락과 정욕에 사로잡히면 하나님의 벗이 될 수 없으며, 오히려 하나님과 원수의 자리에서 삶을 살게 된다. 하나님께서 시기하기까지 자기 백성을 사랑하시므로 요구하시는 바가 엄격할지라도 또한 더욱 큰 은혜를 주셔서 자기 백성들의 결점을 보완하신다. 그러므로 하나님에게서 떠나 자신만을 인정하고 자기만족을 위해 쾌락과 정욕을 추구하는 교만한 자리에서 벗어나 자신의 부족을 인식하고 창조주이신 하나님을 의지하여 순종하는 겸손한 자로 돌아서서 하나님과 가까운 사귐의 자리에 들어가기를 야고보는 권면한다. 이와 같이하여 자신을 하나님의 섭리에 맡기면서 사는 자는 바로 세상과 벗되어 사는 길로부터 벗어나 하나님의 벗으로 사는 길로 진입하게 된다. 그래서 야고보는 하나님께 가까이하라 그리하여 너희를 가까이하실 것이라고 권고한다. 이어서 "하나님을 사랑하는 마음과 세상을 사랑하는 마음 두 가지를 동시에 품은 자들아 마음을 성결하게 하라"고 야보고는 명령한다.

묵상 나누기

위에서 묵상한 내용을 간략히 기록하고 함께 나눈다.

찬송

"예수는 나의 힘이요"(93장)

2.
넘어가는 삶은?

주제와 연관된 질문 _

1. 살면서 가장 두드러지게 소외감을 갖도록 해 준 상대는?
2. 자신을 소외시킨 상대에 대한 자신의 반응과 태도는?
3. 자신이 다른 사람들을 소외시켰던 적이 있었는가?
4. 하나님으로부터 자신의 잘못을 용서받아 본 경험이 있는가?
5. 한국에 살면서 가장 이해되지 않는 것, 즉 남한 사람으로부터 소외되는 경험은 무엇인가?
6. 형제와 자매들 사이에서 느꼈던 소외감은?
7. 부모와의 관계에서 소외감으로 고민해 본 경험이 있는가?
8. 자신이 선택한 것 가운데 가장 잘한 것은?
9. 자신이 선택한 것 가운데 가장 잘못한 것은?
10. 자신을 포기하려는 선택에까지 가 본 경험이 있는가?

주제 내용 _

오늘날 우리 사회는 사람들 사이의 소외감이 만연되어 있다. 연령별 소외는 그 어느 때보다도 심각하다. 연령별로 선호하는 문화와 음식과 취미와 운동이 서로 다르기 때문에 세대 간의 소외로 인하여 서로를 이해하고 품고 사랑하는 일이 전보다 훨씬 어려워졌다. 이처럼 가족문화와 사회문화 역시 사람들 사이의 소외를 촉진하는 큰 변수로 작용한다. 그럼에도 불구하고 우리는 서로의 차이를 인정하며 넘어가는 삶을 살려고 노력한다.

산업사회 이후 핵가족시대의 사람들 사이의 사귐과 교제의 장인 가정의 가족의 수는 부모를 포함하여 많아야 4~5명이고, 탈핵가족시대에 사는 현재 무자녀 가정이나 많아야 자녀가 1명으로 변화되고 있다. 이러한 가족구조와 더불어 급속히 퍼져나가는 다문화사회로 인하여 사람들 사이의 격리 내지는 소외감이 더 깊어져 가고 있다. 게다가 텔레비전, 스마트폰과 인터넷도 사람들 사이의 소외감을 가져다주는 데 한 몫을 한다.

물론 이러한 소외감은 소외감을 느끼는 그 사람이 자유롭게 선택하여 형성된 것이다. 그렇기 때문에 우리의 자유는 언제나 이 자유로 인하여 결정된 환경 혹은 운명과 상호 관계 속에 있게 된다. 우리가 가지고 있는 자유란 무한하지 않다. 내가 결혼 상대를 선택하여 결혼하였기 때문에 내가 선택한 사람과 일생을 가야 하는 운명에 처한 것이다. 아니면 결별이다. 그것이 역시 결별을 선택한 자신의 자유의 운명이다.

다른 예를 들면, 나는 북한연구를 할 때, 북한 선교에 관심을 갖기로 스스로 하나님 앞에서 결정하였기 때문에 수년에 걸쳐서 연구하여 책을 출판하는 운명에 스스로 처했고, 그 후 계속하여 탈북자들에 대한 관심이 결국 이 교재를 쓰는 자유선택에 의하여 이 책이 출판되어 나오는 운명이 되었다. 이처럼 우리가 가진 자유는 유한한 자유인데, 이는 이 자유로 인하여 선택된 환경 속에 놓이게 된다는 것을 의미한다. 우리는 유한한 이 자유를 가지고 우리 자신의 필요에 따라서 우리의 환경을 형성하면서 살고 있다. 유한한 자유를 가지고 우리들은 우리 자신뿐만 아니라 하나님께 대항하여 행동할 수도 있다. 더 나아가 유한한 자유를 가지고 우리들은 우리의 자유를 포기할 수도 있다. 이는 우리가 우리의 유한한 자유를 가지고 우리가 인간됨을 포기하는 선택을 하는 자유이다. 이는 스스로 자살을 선택할 수도 있고, 개망나니같이 사는 삶을 선택하여 살 수도 있다.

그렇지 아니하다

본문말씀 창세기 4:1~15

"아담이 그의 아내 하와와 동침하매 하와가 임신하여 가인을 낳고 이르되 내가 여호와로 말미암아 득남하였다 하니라 그가 또 가인의 아우 아벨을 낳았는데 아벨은 양 치는 자였고 가인은 농사하는 자였더라 세월이 지난 후에 가인은 땅의 소산으로 제물을 삼아 여호와께 드렸고 아벨은 자기도 양의 첫 새끼와 그 기름으로 드렸더니 여호와께서 아벨과 그의 제물은 받으셨으나 가인과 그의 제물은 받지 아니하신지라 가인이 몹시 분하여 안색이 변하니 여호와께서 가인에게 이르시되 네가 분하여 함은 어찌 됨이며 안색이 변함은 어찌 됨이냐 네가 선을 행하면 어찌 낯을 들지 못하겠느냐 선을 행하지 아니하면 죄가 문에 엎드려 있느니라 죄가 너를 원하나 너는 죄를 다스릴지니라 가인이 그의 아우 아벨에게 말하고 그들이 들에 있을 때에 가인이 그의 아우 아벨을 쳐 죽이니라 여호와께서 가인에게 이르시되 네 아우 아벨이 어디 있느냐 그가 이르되 내가 알지 못하나이다 내가 내 아우를 지키는 자니이까 이르시되 네가 무엇을 하였느냐 네 아우의 핏소리가 땅에서부터 내게 호소하느니라 땅이 그 입을 벌려 네 손에서부터 네 아우의 피를 받았은즉 네가 땅에서 저주를 받으리니 네가 밭을 갈아도 땅이 다시는 그 효력을 네게 주지 아니할 것이요 너는 땅에서 피하며 유리하는 자가 되리라 가인이 여호와께 아뢰되 내 죄벌이 지기가 너무 무거우니이다 주께서 오늘 이 지면에서 나를 쫓아내시온즉 내가 주의 낯을 뵈옵지 못하리니 내가 땅에서 피하며 유리하는 자가 될지라 무릇 나를 만나는 자마다 나를 죽이겠나이다 여호와께서 그에게 이르시되 그렇지 아니하다 가인을 죽이는 자는 벌을 칠 배나 받으리라 하시고 가인에게 표를 주사 그를 만나는 모든 사람에게서 죽임을 면하게 하시니라"

기도요점

아우를 죽이고도 전혀 뉘우치지 아니하는 가인이 이로 인하여 농부였던 그가 땅에서 저주를 받아 땅에서 유리하는 자가 되자, 그는 내 죄벌이 지기가 너무 무겁고 땅에 유리하면서 만나는 자마다 그를 죽일 것이라고 여호와께 말한다. 이에 여호와께서 그에게 그렇지 아니하다 그를 죽이는 자는 벌을 칠 배나 받을 것이라고 말씀하시면서 그에게 표를 주시어 그를 만나는 모든 사람에게서 죽임을 면하게 하신다. 땅에서 유리되어 떠돌면서 소외되었던 경험이 있는가? 이에 대한 자신의 반응은? 다른 사람과의 소외감이 점점 더 깊어감으로 인하여 고민해 본 경험이 있는가? 다른 사람의 잘못을 용서해 준 경험이 있는가?

도움의 말

아담과 하와가 여호와로 말미암아 두 아들을 낳았는데, 형은 농사하는 가인이고 아우는 양치는 아벨이다. 세월이 지난 후, 가인은 땅의 소산으로 제물을 삼아 여호와께 드렸고 아벨은 자기도 양의 첫 새끼와 그 기름으로 드렸다. 그런데 여호와께서 아벨과 그의 제물은 받으셨지만 가인과 그의 제물은 받지 아니하셨다. 이에 가인이 안색이 변한다. 이를 본 여호와께서 가인에게 왜 안색이 변했느냐 네가 선을 행하면 어찌 낯을 들지 못하겠느냐고 말씀하시는데도 그는 잘못을 뉘우치지 아니하자, 여호와께서 죄가 너를 향하여 기를 쓰고 달려들려고 하니 외부로부터 찾아드는 죄의 유혹

뿐 아니라 내부에서부터 일어나는 죄의 욕망을 물리치고 이겨 내라고 말씀하신다.

하나님으로부터 이 같은 책망을 듣고 난 뒤, 가인은 회개하고 하나님께로 돌아서지 아니하고 자신의 제물이 받아들여지지 않은 불만을 억제하지 못하여 아벨을 들판으로 꾀어내어 쳐 죽인다. 아우를 죽인 형 가인에게 여호와께서 '네 아우 아벨이 어디 있느냐?'라고 묻자, 그는 '내가 알지 못하나이다 내가 내 아우를 지키는 자니이까'라고 대답한다. 하나님께서는 가인으로 하여금 그의 죄를 깨닫고 회개할 수 있도록 사랑의 촉구를 하고 계시는데, 그는 아우 아벨에 대한 사랑과 형으로서 보살필 책임감을 전혀 부인하는 대답을 한다. 여기서 가인은 모든 것을 다 알고 계시는 하나님을 속이고 있다. 또한 이는 형제간의 관계 단절을 선언하는 대답이다.

이 같은 가인의 선언과 같은 대답을 들으신 여호와께서 그에게 '네가 무엇을 하였느냐 네 아우의 핏 소리가 땅에서부터 내게 호소하므로 세 가지 벌이 그에게 임할 것'이라고 말씀하신다. 첫째, 가인이 아우를 죽인 피를 땅이 그 입을 벌려 받았으므로 농업을 하는 그는 땅에서 저주를 받을 것이며 둘째, 그가 밭을 갈아도 땅이 다시는 그 효력을 그에게 주지 아니할 것이며 셋째, 그는 땅에서 피하며 유리하는 자가 될 것이다. 이 말씀을 들은 가인이 하나님께 세 가지 말씀을 드린다. 첫째, 자기 죄벌이 지기가 너무 무거우며 둘째, 주께서 오늘 이 지면에서 자기를 쫓아내시므로 그가 주의 낯을 뵈옵지 못하고, 땅에서 피하며 유리하는 자가 될 것이며, 셋째, 무릇 자기를 만나는 자마다 자기를 죽일 것임을 하나님께 말씀드린다.

그러나 여호와께서 그에게 '그렇지 아니하다'라고 단호하게 말씀해 주신다. 만약 가인을 죽이는 자는 벌을 칠 배나 받을 것이며, 게다가 가인에게 표를 주사 그를 만나는 모든 사람에게서 죽임을 면하게 해 주신다. 여기서 우리는 아우를 죽인 형 가인을 끝까지 보살펴 주시는 하나님의 자비하심과 죄인을 사랑하시는 마음을 느낄 수 있다. 하나님께서는 지금도 자신의 죄를 진심으로 뉘우치고 돌아오도록 우리를 기다리고 계신다.

묵상 나누기

위에서 묵상한 내용을 간략히 기록하고 함께 나눈다.

찬송

"나의 죄를 씻기는"(252장)

3.
소외된 자에게 주신 하나님의 약속은?

주제와 연관된 질문 _

1. 이 땅에 살면서 가장 즐거웠던 것은?
2. 이 땅에 살면서 가장 힘들었던 것은?
3. 자신이 살고 싶은 삶은?
4. 자신이 사랑받고 있다고 느낄 때는?
5. 사랑하고 싶은 상대로부터 자신의 사랑이 거부되었던 경험이 있는가? 그때의 자신의 심경은?
6. 남한과 북한의 단절로 인해서 개인적으로 가정적으로 국가적으로 그리고 세계적으로 겪고 있는 고통과 어려움은?
7. 남에게 알리거나 드러나게 할 수 없는 습관이나 문제로 고민해 본 경험이 있는가?
8. 이제까지의 삶을 되돌아보면서 앞으로 새로운 삶으로 도약하고 싶었던 때가 있었는가? 그 결과는?
9. 자신을 새롭게 할 수 있는 길이 있다면, 그 길로 가고 싶은가?
10. 이 땅에서 살면서 이제는 모든 것이 마지막이라고 생각했던 때가 있었는가?
11. 하나님으로부터 떠나 살고 있는 우리를 있는 그대로 받아 주시고 하나님의 자녀로 삼고자 하시는 하나님의 마음을 헤아려 본 경험이 있는가?

주제 내용 _

이 땅에 사는 우리는 연약하며 죽을 수밖에 없는 육체적 생명을 가졌지만, 이 가운데 영적생명을 가진 사람은 성령으로 거듭난 사람이다. 이러한 사람은 자신의 기원과 삶의 뿌리를 하나님께 두고 산다. 이는 하나님께서 세상을 이처럼 사랑하사 그 아들을 이 땅에 보내시어 그를 믿는 자마다 영생에 이르게 하는 길을 열어 놓으셨으므로 가능하다.

신구약 전체에서 모든 계시의 말씀을 사랑의 개념으로 설명하고 있는데, 이것이 복음의 진수이다. 이러한 하나님의 사랑은 온 지구의 모든 사람들에게 미치는 사랑이다. 이 사랑 때문에 하나님께서 독생자 예수를 이 땅에 보내셨다. 인류를 향한 이 같은 하나님의 사랑은 예수 그리스도의 십자가의 고난과 죽음에서 절정에 이른다. 이러한 하나님 아버지의 사랑이 동기가 되어 주권적으로 우리에게 그 아들을 보내신 이유는 하나님을 떠나 죄 가운데서 살면서, 이로 말미암아 야기되는 모든 죄악 된 불의의 삶으로부터 우리를 구원하시어 영생을 얻게 하려는 데 있다.

하나님의 독생자 예수 그리스도께서 이 땅에 오심으로 사람들은 두 편으로 나누어 삶을 살게 되는데, 이는 구원에 이르는 삶과 멸망에 이르는 삶 두 가지이다. 구원의 편에 있는 사람들은 빛이신 예수를 그리스도로 믿는 사람들로서 하나님과 교제의 삶을 살지만, 멸망의 편에 있는 사람들은 빛이신 예수를 믿지 아니하므로 하나님과의 단절된 삶을 산다. 멸망의 편에 있는 사람들은 어두움의 삶, 즉 하나님과 단절되어 영적으로 죽음의 삶을 살게 되는데, 이는 구체적으로 빛이요 진리이신 예수님으로부터 벗어나 교만하고, 자기중심적이며, 이 세상에 속한 여러 가지 욕심의 종으로서의 삶을 살게 된다.

악을 행하는 사람은 빛이신 예수님께로 가까이하기를 원하지 않는데, 그 이유는 자신의 죄를 감추려 함이며 또한 이미 지은 죄나 악행에 대하여 회개하기를 원하지 않기 때문이다. 그러나 빛이신 예수님을 성령의 역사로 믿는 사람은 어두워진 자신의 심령에 진리의 빛이 뚫고 들어와 회개하게 함으로써 변화되어 하나님과 가깝고 친밀한 교제를 할 뿐만 아니라 자신의 행위를 하나님 안에서 드러내기를 즐거워한다. 이와 마찬가지로 남과 북의 단절은 미움과 살인과 전쟁으로 인한 것이지만, 본질적으로는 우리 모두가 하나님으로부터 떠난 죄의 결과가 가져온 단절이므로 이 또한 예수 그리스도로 말미암은 남북의 회복과 화해를 하나님께서 약속하신다.

하나님과 단절된 자에게 주신 하나님 약속

본문말씀 에베소서 4:17~24

“그러므로 내가 이것을 말하며 주 안에서 증언하노니 이제부터 너희는 이방인이 그 마음의 허망한 것으로 행함같이 행하지 말라 그들의 총명이 어두워지고 그들 가운데 있는 무지함과 그들의 마음이 굳어짐으로 말미암아 하나님의 생명에서 떠나 있도다 그들이 감각 없는 자가 되어 자신을 방탕에 방임하여 모든 더러운 것을 욕심으로 행하되 오직 너희는 그리스도를 그같이 배우지 아니하였느니라 진리가 예수 안에 있는 것같이 너희가 참으로 그에게서 듣고 또한 그 안에서 가르침을 받았을진대 너희는 유혹의 욕심을 따라 썩어져 가는 구습을 따르는 옛 사람을 벗어 버리고 오직 너희의 심령이 새롭게 되어 하나님을 따라 의와 진리의 거룩함으로 지으심을 받은 새 사람을 입으라”

기도요점

자신이 억제할 수 없는 유혹은 무엇인가? 유혹의 욕심을 따라 사는 옛 사람을 벗어버리고 싶은가? 바울이 하나님을 따라 의와 진리의 거룩함으로 지으심을 받은 새 사람을 입으라고 권면하는데, 새 사람을 입을 수 있는 길은 어디에 있는가? 남과 북이 단절되어 온 세계가 두려움으로 들끓고 있는데 이에 대한 하나님의 약속은 무엇인가?

도움의 말

하나님을 알지 못하고 하나님의 생명으로부터 분리된 삶을 살면 사랑을 인식할 수 있는 총명이 어두워진다. 그래서 독생자 예수를 이 땅에 보내시어 하나님으로부터 떨어져나가 있는 우리로 하여금 하나님과 사귐을 갖게 하시기를 원하시는 그 크신 하나님의 사랑을 인식할 수 없게 되었다. 이와 더불어 우리는 모든 생명의 근원인 하나님의 생명에서 떠나 하나님으로부터 소외됨으로 인하여 다른 생명체들, 자연과 사회에 있는 모든 생명들로부터도 단절되어 있다. 이 같이 하나님으로부터 단절된 이유가 두 가지로 나타나는데, 하나는 죄에 대한 무지이고 다른 하나는 마음이 굳어짐이다. 이로 인하여 사람은 자신의 잘못에 대해 양심의 가책을 느끼지 못하며, 더 나아가 자신의 죄에 대해 무감각해지므로 하나님에 대하여 마음이 완고해진다. 이처럼 마음이 완고하게 되면 두 가지 증상이 드러난다. 하나는 감각 없는 자가 되어 자신을 방탕에 방임하여 모든 더러운 것을 욕심으로 행한다. 다른 하나는 유혹의 욕심을 따라 썩어져 가는 구습을 따르게 된다. 그러나 하나님을 떠난 우리 죄를 대속해 주신 그리스도 예수를 성령의 역사로 믿게 되면, 그리스도 예수께 듣고 배운 대로 구습을 따르는 옛 사람을 벗어버리고 오직 우리의 심령이 새롭게 되어 하나님을 따라 의와 진리의 거룩함으로 지으심을 받은 새 사람을 입게 된다. 여기서 그리스도를 배우는 것은 단지 그리스도에 관해 배우는 것을 넘어 그리스도를 닮아가는 것을 의미한다.

묵상 나누기

위에서 묵상한 내용을 간략히 기록하고 함께 나눈다.

찬송

"나의 생명 되신 주"(380장)

4。

나의 삶의 목적은?

주제와 연관된 질문 _

1. 하나님에 대하여 관심이 많은가?
2. 어느 경우에 하나님과 적대적인 경험을 하게 되는가?
3. 자신의 약점과 문제점을 지적받을 때 자신의 반응은 어떠한가?
4. 다른 사람의 입장에서 말하고 생각하고 행동하는 성향인가?
5. 돈과 명예와 힘을 키우기 위하여 물불가리지 않고 노력해 본 적이 있는가?
6. 하나님을 떠난 죄의 특성들이 하나님을 두려워하지 않음, 죄 된 행동을 하는 데 주저하지 않음, 지혜와 선행을 그침, 마음과 입이 거짓으로 가득함 등으로 나타나는데, 이 가운데 자신과 관련되는 것은 무엇인가?
7. 하나님은 자비하심, 진실하심, 의로우심, 공평하심, 구원하심 등으로 표현하는데, 이 가운데 자신에게 가장 와 닿는 하나님은?

주제 내용 _

하나님으로부터 떠나 죄 가운데 거하고 있는 우리 인간은 모두 이로 인한 특성을 삶 가운데 드러내며 살고 있다. 그 몇 가지 예를 들면, 가장 두드러진 특성으로는 우선 우리를 지으시고 만물을 지으시고 섭리하고 계시는 하나님을 알지 못할 뿐만 아니라 인정하고 싶어 하지 않는다. 이뿐만이 아니다. 우리는 마치 우리 자신이 하나님인 것처럼 하나님은 이래야 되고, 저래야 되며, 하나님이 계시다면, 악한 모든 이들이 이 땅에 이토록 잘 살게 하시겠냐고 말한다. 다른 말로 표현하면, 이 말은 자신은 악하지 않다는 말이다. 이처럼 우리 모두는 우리의 생각으로 하나님을 판단하며, 다른 사람들까지 판단하면서도 자신의 약점과 잘못됨을 인정하지 못하는 삶을 산다. 이것이 바로 하나님으로부터 떠나 자기중심적으로 사는 죄의 특성이다.

둘째, 하나님으로부터 떠난 죄 된 삶의 특성은 우리 삶의 목적을 눈에 보이는 부와 명예와 권력 등과 같이 이 세상적인 것에 두고 이를 위하여 돌진함으로 자기 건강과 생명까지 해치는 삶을 산다. 이로 인하여 우리가 속해 있는 가정의 식구들과 직장의 사람들의 생명까지 귀하게 여기지 않는 것을 당연한 것으로 여기면서 힘들어 한다. 이것 역시 하나님의 형상으로 지음을 입은 우리가 하나님과 교제하면서 하나님께서 허락하신 자연과 가정과 이웃들을 존귀히 여기면서 서로 깊은 사귐으로 행복할 수 있는 삶의 길 밖의 삶으로서 하나님을 떠난 죄의 특성 가운데 하나이다.

셋째, 자기중심적으로 삶을 추구하고 하나님과 다른 사람들까지 자기중심적으로 판단하면서도 자신의 존재에 대한 불안을 떨칠 수가 없는데, 이것 역시 하나님을 떠난 우리 인간의 죄의 특성이다. 구체적으로 우리는 죽음에 대한 불안, 우리에게 닥쳐올 운명에 대한 불안, 이 땅의 삶의 허무함 등의 불안으로부터 자유롭지 못하다.

주제와 연관된 성경공부와 말씀묵상 _

하나님으로부터 소외된 증상

본문말씀 시편 36:1~7

"악인의 죄가 그의 마음속으로 이르기를 그의 눈에는 하나님을 두려워하는 빛이 없다 하니 그가 스스로 자랑하기를 자기의 죄악은 드러나지 아니하고 미워함을 받지도 아니하리라 함이로다 그의 입에서 나오는 말은 죄악과 속임이라 그는 지혜와 선행을 그쳤도다 그는 그의 침상에서 죄악을 꾀하며 스스로 악한 길에 서고 악을 거절하지 아니하는도다 여호와여 주의 인자하심이 하늘에 있고 주의 진실하심이 공중에 사무쳤으며 주의 의는 하나님의 산들과 같고 주의 심판은 큰 바다와 같으니이다 여호와여 주는 사람과 짐승을 구하여 주시나이다 하나님이여 주의 인자하심이 어찌 그리 보배로우신지요 사람들이 주의 날개 그늘 아래에 피하나이다"

기도요점

하나님을 떠난 우리 죄의 특성은 어떻게 나타나는가? 남북 공동체 안에서 하나님을 두려워하는 느낌을 강하게 받고 있는가? 하나님을 떠나 죄 가운데 있는 우리 인간을 대하시는 하나님을 어떻게 표현하는가? '하나님이여 주의 인자하심이 어찌 그리 보배로우신지요 사람들이 주의 날개 그늘 아래에 피하나이다.'라고 시편기자가 고백하는데, 이 고백의 의미는 무엇인가?

도움의 말

하나님을 떠난 죄의 특성이 몇 가지로 나타난다. 첫째, 죄는 우리로 하여금 하나님을 두려워하게 하지 않게 한다. 둘째, 죄는 우리로 하여금 우리의 죄악이 드러나지 않을 것이라고 믿게 한다. 셋째, 죄는 우리로 하여금 우리의 죄악이 드러나지 아니하고 죄악 때문에 미워함을 받지 않는다고 믿게 할 뿐만 아니라 죄악 가운데 있는 우리 스스로 자랑하게 한다. 넷째, 죄는 우리의 입에서 나오는 말은 죄악과 속임으로 가득하게 한다. 다섯째, 죄는 우리로 하여금 지혜와 선행을 그치게 한다. 여섯째, 죄는 우리로 하여금 침상에서 죄악을 꾀하며 스스로 악한 길에 서고 악을 거절하지 아니하게 한다.

하나님을 떠난 죄의 특성과 반대로 여기서는 하나님의 속성 몇 가지가 묘사된다. 첫째, 여호와의 인자하심이 하늘에 있고 주의 진실하심이 공중에 사무쳤다고 묘사되는데, 이는 하나님의 자비하심과 진실하심은 우리 인간이 상상할 수 있는 가장 높은 곳인 하늘에 비견할 만큼 지고하다는 의미다. 이러한 하나님의 속성 때문에 하나님께서 그의 백성들과 맺으신 언약을 신실하게 지키신다. 그러므로 하나님은 하나님의 말씀을 듣고 지키고 따르는 하나님의 백성이 하나님으로부터 떠나 있을 때조차도 그들을 위하여 그 말씀을 신실하게 지키시며, 동시에 그들이 하나님의 말씀에로 돌아오도록 부르신다.

둘째, 주의 의는 하나님의 산들과 같고 주의 심판은 큰 바다와 같다고 묘사된다. 하나님은 의로우시기 때문에 율법, 섭리 집행, 죄로부터의 인간 구원, 율법을 따른 우주에 대한 상벌(賞罰)의 집행 등에서 하나님은 공평하시고 정의로우시다. 마치 깊은 바다 속 밑을 헤아려 볼 수 없듯이 하나님의 의로 율법에 따라 선악을 판결하시며 하나님의 구원 사역을 이끌어 오고 계시는 하나님의 마음을 이해할 수는 없다.

셋째, 여호와는 사람과 짐승을 구하여 주시는 하나님이시다. 하나님의 구원의 대상이 사람을 넘어 짐승까지 포함하는 포괄적인 의미가 내포되어 있다. 여기서의 구원은 땅, 우주, 사단적 원수 그리고 고통과 불행으로부터의 구원을 말한다고 할 수 있다. 이와 더불어 이는 자연의 좋은 환경, 안녕, 내외적(內外的) 번영, 토지의 비옥함, 목축과 토지의 양호한 상태 등까지도 포함된다. 이와 같이 하나님께서는 인간과 동물에게 모든 필요를 공급하시는 하나님이시다.

하나님의 인자하심이 이처럼 상상할 수 없을 정도로 크고 넓고 깊기 때문에 시편기자는 '하나님이여 주의 인자하심이 어찌 그리 보배로우신지요 사람들이 주의 날개 그늘 아래에 피하나이다'라고 고백한다. 이 고백에서 우리는 모든 사람이 하나님의 존재를 인식하든지 못하든지 간에 모든 세대의 인류는 하나님의 은총의 그늘 아래서 혜택을 누리며 살고 있다는 것을 알 수 있다. 작고 힘없는 어린 새들이 어미 새의 날개 아래 보호처를 찾듯이 모든 인류는 하나님의 날개 그늘 아래 안식처를 찾아 거한다.

묵상 나누기

위에서 묵상한 내용을 간략히 기록하고 함께 나눈다.

찬송

"주 예수보다 더 귀한 것은 없네"(94장)

5.
굽은 길의 삶은?

주제와 연관된 질문 _

1. 하나님의 마음을 상하게 하는 자신의 행위는?
2. 세상에 악이 가득하고, 사람의 마음으로부터 나오는 모든 생각과 모든 계획이 항상 악한 것을 보시고 이에 대한 하나님의 반응은?
3. 하나님의 말씀에 따라 사는 삶, 즉 하나님과 동행하는 삶이란 구체적으로 어떤 삶인가?
4. 우리 인간이 손과 손가락, 그리고 입과 혀로 범하는 죄악은?
5. 하나님을 떠난 사람이 행하는 곳에는 정의가 없으며 굽은 길을 스스로 만드나니 무릇 이 길을 밟는 자는 평강을 알지 못하느니라고 말씀하는데, 여기서 굽은 길이란 무엇인가?
6. 자신의 입과 혀를 잘 조절하면서 삶을 사는가?
7. 자신의 발이 빠르게 걸어가고 있는 길은 굽은가? 혹은 반듯한가?

그림해설:굽은 길을 걸을 수밖에 없는 까닭은 우리가 하나님으로부터 끊어진 상태에 있기 때문이다.

주제 내용 _

하나님께서 인간을 창조하실 때, 우리는 하나님의 형상과 모양대로 창조되었다. 인간 전인(全人)이 하나님의 의와 진리의 거룩함의 성품의 영향을 받아 하나님과의 교제 대상으로 선택되었다. 그러나 하나님께서 명령하신 말씀을 듣지 않고 거역하여 하나님과의 교제가 단절되었다. 이로 인하여 우리 인간은 하나님을 떠나 죄 가운데 있게 되어 하나님을 알지 못하게 되었을 뿐만 아니라 창조 시 부여된 이 하나님의 형상과 모양이 훼손되었다. 이처럼 하나님의 형상과 모양이 훼손된 우리 인간의 죄는 우리로 하여금 하나님께서 세우신 창조질서를 어기게 하며 하나님의 마음을 상하게 하는 악한 행위를 하게 한다. 이러한 죄악 된 행위를 하는 우리 인간의 마음 속에서부터 나오는 계획과 생각 등이 부패하고 죄악될 수밖에 없는데, 이는 하나님의 말씀에 뿌리를 두지 않고 오히려 우리 인간의 사고에 그 뿌리를 두고 있기 때문이다. 이와 같이 하여 세상에 악이 가득하고, 사람의 마음으로부터 나오는 모든 생각과 모든 계획이 항상 악할 뿐이다. 이를 보신 하나님께서 땅 위에 사람 지으셨음을 한탄하사 마음에 근심하신다(창 6:6). 이는 우리 인간의 죄에 대한 하나님의 반응을 나타내는 표현이며, 죄악으로 가득 찬 사람의 마음에 대한 하나님의 반응이다.

그런데 이러한 가운데서도 노아는 죄가 없고, 정직한 의인이며, 또한 동시대인들 중에서 하나님과 교제하는 완전한 사람이었다. 즉 노아는 온 땅이 하나님 앞에 부패하여 포악함이 가득하고, 혈육 있는 모든 사람의 행위가 부패함에도 불구하고, 하나님을 경외하면서 하나님의 행위 규범에 따라 사는 선한 사람이었다. 그는 이같이 하나님과 동행하는 삶을 살았다. 노아는 소극적으로는 죄를 피하고 적극적으로는 이웃들에게 선을 행하면서 하나님과 가까운 교제를 하는 사람이었다.

주제와 연관된 성경공부와 말씀묵상 _

하나님과 우리 사이를 갈라놓은 것은?

본문말씀 이사야 59:1~8

"여호와의 손이 짧아 구원하지 못하심도 아니요 귀가 둔하여 듣지 못하심도 아니라 오직 너희 죄악이 너희와 너희 하나님 사이를 갈라놓았고 너희 죄가 그의 얼굴을 가리어서 너희에게서 듣지 않으시게 함이니라 이는 너희 손이 피에, 너희 손가락이 죄악에 더러워졌으며 너희 입술은 거짓을 말하며 너희 혀는 악독을 냄이라 공의대로 소송하는 자도 없고 진실하게 판결하는 자도 없으며 허망한 것을 의뢰하며 거짓을 말하며 악행을 잉태하여 죄악을 낳으며 독사의 알을 품으며 거미줄을 짜나니 그 알을 먹는 자는 죽을 것이요 그 알이 밟힌즉 터져서 독사가 나올 것이니라 그 짠 것으로는 옷을 이룰 수 없을 것이요 그 행위로는 자기를 가릴 수 없을 것이며 그 행위는 죄악의 행위라 그 손에는 포악한 행동이 있으며 그 발은 행악하기에 빠르고 무죄한 피를 흘리기에 신속하며 그 생각은 악한 생각이라 황폐와 파멸이 그 길에 있으며 그들은 평강의 길을 알지 못하며 그들이 행하는 곳에는 정의가 없으며 굽은 길을 스스로 만드나니 무릇 이 길을 밟는 자는 평강을 알지 못하느니라"

기도요점

하나님과 우리 인간 사이를 갈라놓은 것은 무엇인가? 우리 인간이 입술과 혀로 범하는 죄악은 무엇인가? 악한 자의 술수, 헛된 형식주의, 거짓된 여론, 간교한 사색, 그리고 생명 없는 전승 등으로 힘들었던 경험이 있는가? 남과 북 가운데 흐르고 있는 인간의 죄악 된 모습은 어떤 모습인가?

도움의 말

하나님과 우리 인간 사이를 갈라놓은 것은 오직 우리의 죄악이다. 우리 인간의 죄악상이 크게 두 가지로 드러난다. 하나는 우리 손이 피에, 우리 손가락이 죄악에 더러워져 있다는 것이며, 다른 하나는 우리 입술이 거짓을 말하며 우리 혀는 악독을 나타냄이라 공의대로 소송하는 자도 없다는 것이다. 전자는 공개적으로 하는 모든 거짓말을, 후자는 은밀하게 하는 거짓말을 각각 암시한다고 볼 수 있다(렘 6:28;9:4). 이는 연령에 관계없이 행동과 말로 하는 각종의 죄악들을 지칭한다.

입술과 혀로 범하는 죄악이 몇 가지로 열거되는데, 첫째는 공의대로 소송하지 않고, 진실하게 판결하지 않는 행위이다. 둘째는 허망한 것을 의뢰하며 거짓을 말하며 악행을 잉태하여 죄악을 낳는 것이다. 이는 왜곡되고 불합리한 사회 풍조 때문에 합법적이고 정당한 방법으로는 일이 되지 않으므로 온갖 부정한 수단을 의지하는 행위이다. 셋째는 독사의 알을 품으며 거미줄을 짜나니 그 알을 먹는 자를 죽게 하는 행위 속에는 기만적인 궤변인 도사리고 있다. 그래서 그 알이 밟힌즉 터져서 독사가 나올 것이며. 그 짠 것으로는 옷을 이룰 수 없으므로 그 행위로는 자기를 가릴 수 없다. 이러한 행위가 바로 죄악의 행위이다. 이는 불행을 잉태하여 다른 사람의 불이익과 상처를 받게 하는 악한 계획을 가리킨다. 예를 들면, 악한 자의 술수, 헛된 형식주의, 거짓된 여론, 간교한 사색, 그리고 생명 없는 전승 등이 있을 수 있겠다.

넷째는 발은 행악하기에 빠르고 무죄한 피를 흘리기에 신속하며 그 생각은 악한 생각뿐이다. 그러므로 이러한 길에는 황폐와 파멸이 있으며 평강의 길을 전혀 알 수가 없다. 더 나아가 죄악의 길로 행하는 곳에는 정의가 없으므로 굽은 길을 만들며, 이 길을 밟는 자는 평강을 알 수가 없다. 여기서 굽은 길을 만든다는 것은 부정적, 자만, 속임수로 계획을 수립하고 그 계획을 수행하는 행사가 곡해되고 악하다는 의미다.

묵상 나누기

위에서 묵상한 내용을 간략히 기록하고 함께 나눈다.

찬송

"양떼를 떠나서"(277장)

6。
극단의 이기적인 삶은?

주제와 연관된 질문 _

1. 하나님에 대한 자신의 느낌은?
2. '하나님'이라는 말만 나오면 무시해 본 경험이 있는가?
3. 하나님을 향하여 극단적으로 이기적인 행동을 취했던 경험이 있는가?
4. 자신의 경험에 비추어 매사를 단호하게 말하고 행동하는 경향이 있는가?
5. 자신의 입장에서 '하나님은 ~해야 한다.', '하나님은 ~하지 말아야 한다.' 또 '하나님은 나쁜 사람들을 빨리 없애야 하지 않느냐?'고 하나님께 대들기도 하는가?
6. 사람과의 관계에서 극단의 이기적인 행동으로 상처를 입은 경험이 있는가?
7. 부모라는 이유만으로 부모가 있는 그대로 존귀하게 여겨지는가?
8. 다른 사람에게 정다운가?
9. 마음속의 원통함으로 괴로워한 적이 있는가?
10. 자기만을 사랑하는 성향이 강한가?

그림해설:하나님을 무시하는 것(ignore)은 하나님을 떠난 인간의 죄의 특성 가운데 하나이며 인간 실존이 하나님으로부터 소외되어 있다는 증상 가운데 가장 자기중심적(selfishness) 반응이다.

주제 내용 _

불신앙이란 인간이 하나님으로부터 돌아서는 행위이다. 불신앙으로 말미암아 하나님으로부터 돌아서 있기 때문에 하나님에 대한 긍정적 느낌과 하나님을 아는 지각이 발달되지 않으므로 하나님을 아는 우리 인식력이 붕괴되었다. 이 붕괴의 현상은 우리의 전 인격 속에 (실제적, 이론적, 감정적 요소들 안에) 나타나므로 불신앙이란 단순히 기독교의 교리들을 받아들이지 않는 것만을 의미하지 않는다. 인간의 삶 속에서 불신앙의 구체적인 모습은 하나님께 대한 무관심과 극단적인 경우에는 적대감으로 나타난다.

불신앙의 다른 한 면인 영적인 죄는 하나님으로부터 돌아선 인간이 자기 자신이나 자신의 세계로 향하여 서서 말하고 행동하는 행위이다. 즉 우리는 우리 자신의 경험과 지식을 모든 것의 중심으로 삼으려는 성향이 매우 강하다. 어떤 경우에는 우리 자신의 유한성과 무지를 깨달음에도 불구하고 이를 인정하기보다는 우리 자신의 한계를 넘어 하나님의 영역으로까지 자신을 승화시키려고 한다. 그래서 우리는 우리 입장에서 하나님은 이래야 되고 저래야 된다고 말할 뿐만 아니라 더 나아가 우리는 하나님이 필요하지 않다고 공공연하게 단언하기도 한다.

인간의 삶 속에서 이러한 영적인 죄의 구체적인 모습은 인간이 자신의 유약성이나 약점, 무지, 불안 등을 있는 그대로 받아들이려고 하지 않는 데 있다. 사회적인 측면에서, 영적인 죄의 흔적은 다른 사람을 지배하기 위한 목적으로 권력이나 부귀 혹은 명예를 사용할 때에 나타난다. 가정에서는 구성원 중에서 힘이 센 사람이 다른 가족을 자기 중심으로 이끌어 가려고 힘쓰면서, 이는 바로 가족을 위한 것으로 단언한다. 이러한 영적인 죄와 불신앙과 같은 인간 모습은 모두 인간이 실존적으로 하나님으로부터 분리되어 있기 때문에 자신을 모든 것의 중심으로 삼으려고 하는 데서 나온 결과이다.

불신앙은 채워도 채워지지 않는 이 세상의 것, 즉 지식, 권력, 물질적 부, 혹은 명예를 인간 자신의 목적으로 삼는 데 나타난다. 즉 우리는 이 같은 세상의 것을 통하여 우리 자신의 존재와 삶의 의미를 찾는데, 이는 채워도 채워지지 않는 무한한 욕망으로 치닫는다. 그래서 돈, 명예, 부, 권력, 지식을 추구하다가 이쯤이면 됐다고 물러서지 않고 무한정으로 강한 목마름으로 계속 추구하다가 추구하는 그것으로 인하여 자기파멸에 이르기까지 한다. 이것이 바로 우리가 우리를 지으신 하나님을 떠나 불신앙 상태에 있는 우리 삶의 흔적이다.

마지막 때 증상

본문말씀 디모데후서 3:1~5

"너는 이것을 알라 말세에 고통하는 때가 이르러 사람들이 자기를 사랑하며 돈을 사랑하며 자랑하며 교만하며 비방하며 부모를 거역하며 감사하지 아니하며 거룩하지 아니하며 무정하며 원통함을 풀지 아니하며 모함하며 절제하지 못하며 사나우며 선한 것을 좋아하지 아니하며 배신하며 조급하며 자만하며 쾌락을 사랑하기를 하나님 사랑하는 것보다 더하며 경건의 모양은 있으나 경건의 능력은 부인하니 이같은 자들에게서 네가 돌아서라"

기도요점

세상 끝날 때가 이르면 사람들의 삶에 나타나는 양상들은 어떤 모습인가? 이 모습들 가운데 자신의 삶 속에 배어있는 것은? 하나님께서 자신의 삶을 바꾸신 경험이 있는가? 그때가 언제인가? 하나님의 존재도 알고 또한 하나님을 믿고 있다고 나는 생각한다. 그렇다면 하나님께서 자신의 삶을 인도하고 주관하시도록 허용하고 있는가?

도움의 말

사람으로 이 땅에 오신 예수 그리스도 시대는 메시야의 도래에 대한 예언이 이루어진 시대이다. 이 시대부터 그리스도 예수의 재림으로 그 시대가 끝날 때가 이르면 세상 사람들의 삶의 양상이 몇 가지로 나타난다. 첫째, 사람들이 자기를 사랑하며 돈을 사랑한다. '자기를 사랑하는 자'는 그리스도와의 교제가 단절된 자이며(눅 14:26), '돈을 사랑함'은 모든 악의 근원이 된다(딤전 6:10).

둘째, 자랑하고, 교만하여 남을 비방한다. 이는 일상생활에서 말로 하나님과 이웃을 무시하며 모욕하는 행위를 말한다(딤전 6:4; 벧후 2:11).

셋째, 부모를 거역하며 감사하지 아니한다. 말세에 사람들은 자신들에게 가장 큰 은혜를 베푼 부모에게도 감사하지 아니하며 하나님에게도 감사할 줄 모를 뿐만 아니라(롬 1:21) 의도적으로 거역하며 대적한다.

넷째, 거룩하지 아니하며 무정하며 원통함을 풀지 아니한다. 부모와 자식 간의 가장 원초적이며 본능적인 애정마저도 결핍되어 있음을 의미한다(롬 1:31). 그리고 사람들 사이에 깊은 앙심을 품고 화해하지 않는다.

다섯째, 모함하며 절제하지 못하며 사나우며 선한 것을 좋아하지 아니한다. 즉 거짓되고 추악한 말과 행동을 일삼아 남을 중상하거나 욕하며, 감정이나 생리적 욕망을 다스리지 못하여 동물처럼 사나워 선한 것을 경멸한다.

여섯째, 배신하며 조급하며 자만하며 쾌락을 사랑하기를 하나님 사랑하는 것보다 더하며 경건의 모양은 있으나 경건의 능력은 부인한다. 즉 자신의 이익을 위해 친구를 저버리고, 쾌락을 하나님보다 더 사랑하며, 경건한 척하나 경건한 삶을 살지 못한다. 그러므로 디모데는 말세에 우리에게 이 같은 삶으로부터 돌아서 하나님께로 돌아오라고 촉구한다.

묵상 나누기

위에서 묵상한 내용을 간략히 기록하고 함께 나눈다.

찬송

"네 맘과 정성을 다하여서"(218장)

7.
빛과 어두움의 삶은?

주제와 연관된 질문 _

1. 옳고 그름을 판단하는 명확한 자신의 기준은?
2. 자신의 속마음과 반대로 못된 마음이나 생각이 자신을 움직여 행동할 때가 있었는가?
3. 옳은 일인 줄 알면서도 하지 못하고 외면할 때가 있는가?
4. 이와 반대로 잘못하는 일인 줄 알면서도 그 잘못된 일을 계속할 수밖에 없었던 때가 있었는가?
5. 당신은 다른 사람보다 '정의로운 편'이라고 생각하는가?
6. 예수께서 자신을 빛의 삶으로 인도하시기를 바라는가?
7. 자기 주변에서 어둠의 삶에서 빛의 삶으로 변화된 사람을 보았는가?
8. 하나님을 믿기 전과 하나님을 믿고 난 후 자신에게 일어난 가장 큰 변화는?

주제 내용 _

"탈북민은 어떻게 그리스도인이 될까?"라는 질문에서 출발하여 완성된 논문인 〈탈북민 그리스도인들의 신앙체험에 관한 연구〉는 탈북민 그리스도인 82명을 심층면접하고 남북하나재단의 1만 2천 여 탈북 사례를 분류해 탈북민의 신앙체험 유형을 분석한 결과물이다. 논문에 따르면, 탈북민은 3단계의 개종 체험을 거쳐 '온전한 그리스도인'이 된다.

1단계는 북한 체제가 싫어 탈북하는 과정이고, 2단계는 제3국이나 한국에서 기독교를 '따듯한 품'으로 알고 기독교인이 되었다가 교회 분위기와 문화가 북의 그것과 너무 흡사하여 갈등을 일으키거나 이탈하는 단계이며, 마지막 단계는 말씀공부나 성령 체험을 통해 기독교 진리를 터득한 후 복음을 삶으로 실천하는 단계이다(이연경 기자, 주간기독교, 2016.3.18.).

이는 그리스도인이 되어 가는 과정의 험난함을 나타내는 동시에, 말씀과 기도 안에서 하나님을 만나고 깊이 교제하는 실질적인 체험의 필요성을 우리에게 보여준다. 이러한 신앙의 여정은 남과 북에 관계없이, 남녀노소에 관계없이 모든 그리스도인들에게 동일할 것이다.

이러한 조사는 단순히 교회에 출석하고 따뜻한 환대를 받는 일로 그리스도인이 될 수 없음은 명확히 보여준다. 이러한 환대와 안정감은 인간적인 갈등으로 언제든지 깨어질 수 있는 상대적이고 한시적인 조건들이기 때문이다. 그렇기 때문에 온전한 그리스도인이 되는 일은 오히려 예수 그리스도로 말미암아 하나님을 향해 완전히 돌아서는 마음의 결단과 더불어 구체적인 삶의 변화를 촉구한다.

하나님과의 관계가 단절된 인류의 운명은 죄로 말미암은 완전한 죽음이다. 하나님과의 관계가 깨져버린 인간의 현실은 그래서 불안과 소외와 죽음의 공포로 가득 차 있으며 교만과 속임과 서로를 향한 불신으로 점철되어 있다. 하나님을 떠난 우리 모두는 죽음과 절망으로 가득 찬 어둠에 속한 자들이며, 이로 말미암아 자신의 이익을 따라 자기중심적인 삶을 위해 발버둥칠 수밖에 없는 존재들이다. 그렇지만 하나님의 사랑은 우리를 그냥 내버려 두지 않으셨다. 성자 하나님이신 예수 그리스도께서는 이 모든 어둠의 세력을 이기는 빛으로 이 땅에 오셨고(요 1:4-5 참조), 십자가의 보혈과 부활의 능력으로 하나님과 우리 사이의 관계를 회복하셨을 뿐 아니라 하나님과의 사귐의 길을 우리에게 열어 놓으셨기 때문이다. 지금도 하나님께서는 온 인류가 어둠의 길을 버리고 빛이신 하나님께 나아오길 기다리신다.

빛 가운데 행하는 하나님과의 사귐

본문말씀 요한일서 1:5~10

“우리가 그에게서 듣고 너희에게 전하는 소식은 이것이니 곧 하나님은 빛이시라 그에게는 어둠이 조금도 없으시다는 것이니라 만일 우리가 하나님과 사귐이 있다 하고 어둠에 행하면 거짓말을 하고 진리를 행하지 아니함이거니와 그가 빛 가운데 계신 것 같이 우리도 빛 가운데 행하면 우리가 서로 사귐이 있고 그 아들 예수의 피가 우리를 모든 죄에서 깨끗하게 하실 것이요 만일 우리가 죄가 없다고 말하면 스스로 속이고 또 진리가 우리 속에 있지 아니할 것이요 만일 우리가 우리 죄를 자백하면 그는 미쁘시고 의로우사 우리 죄를 사하시며 우리를 모든 불의에서 깨끗하게 하실 것이요 만일 우리가 범죄하지 아니하였다 하면 하나님을 거짓말하는 이로 만드는 것이니 또한 그의 말씀이 우리 속에 있지 아니하니라”

기도요점

빛의 삶과 어둠의 삶이란? 빛이신 하나님과 사귐이 있는 사람의 행위는 무엇인가? 어둠의 속한 삶을 사는 이들을 향한 자신의 태도는? 죄를 자백하는 사람에게 하나님께서 주신 약속은? 빛이신 하나님께서 ‘그가 빛 가운데 계신 것같이 우리도 빛 가운데 행하면 우리가 서로 사귐이 있고 그 아들 예수의 피가 우리를 모든 죄에서 깨끗하게 하실 것이요’라고 약속하시는데, 이에 대한 자신의 반응은?

도움의 말

요한은 자신이 예수님께로부터 직접 듣고 이 소식을 전한다. "하나님은 빛이시라 그에게는 어둠이 조금도 없으시다" 성경에서 빛은 진리와 의로움을 상징(시 27:1; 36:9; 119:130; 사 5:20; 미 7:8b, 말 4:2)하는 동시에, 영(요 4:24)이나 사랑(요일 4:8)처럼 하나님의 본성을 나타낸다. 이런 이유로 하나님과의 사귐 안에 있는 사람은 어둠을 의미하는 죄 된 삶을 병행할 수 없다. 왜냐하면 어둠은 빛이신 하나님과의 사귐을 막는 절대적인 장애물이기 때문이다.

빛이신 하나님은 진리와 의로움의 하나님이시다. 만약 누군가가 자신은 하나님과 사귐이 있다고 말한다면, 그는 마땅히 진리와 의로움 안에서 행하는 빛의 삶을 살아야 한다. 그런데 만약 그가 여전히 스스로와 타인을 향해 거짓과 교만과 불의와 질투와 분냄과 다툼과 편 가르기 등의 얼룩진 옛 습관을 벗어버리지 못하고 있다면, 그는 하나님과의 사귐이 있다고 말할 수 없다. 그런데도 불구하고 그가 자신은 하나님과 사귐이 있다고 말한다면 이는 그가 거짓말하는 것이다. 왜냐하면 진실한 말은 행위와 결코 분리되지 않기 때문이다.

빛이신 하나님과의 사귐은 확장되는 힘을 갖는다. 하나님과의 사귐으로 인해 성도들은 또한 서로 간에 교제하는 사귐의 공동체를 이루게 되며, 더 나아가 그리스도의 보혈의 능력으로 모든 죄를 용서받는 은혜를 계속하여 누린다. 비록 우리가 연약하여 여전히 죄 가운데 넘어진다고 하여도 우리가 우리의 죄와 불의함을 주님께 자백하면, 우리의 죄를 사하시며 우리를 의롭게 하시겠다고 하나님께서는 우리에게 약속하신다. 하지만 빛이신 하나님 앞에서 자신의 어둠을 감추는 자에게 사죄의 은혜는 없다. 그는 하나님을 거짓말쟁이로 만드는 자이고 그에게는 진리의 말씀이 머물 곳이 없다.

요한처럼 예수 그리스도를 믿는 우리 모두는 세상을 향해 "하나님은 빛이시다"는 소식을 전하는 자들이다. 우리가 빛 가운데 행할 때 빛이신 하나님의 소식이 세상에 분명하게 드러날 수 있을 것이다.

묵상 나누기

위에서 묵상한 내용을 간략히 기록하고 함께 나눈다.

찬송

"내가 예수 믿고서"(421장)

8。
사랑을 거부하는 삶은?

주제와 연관된 질문 _

1. 다른 사람을 심하게 거부해 본 경험이 있는가?
2. 다른 사람으로부터 거부당한 경험이 있는가?
3. 남한에 와서 하나님을 믿으라는 권고를 받았을 때의 기분은?
4. 하나님을 알기 전에 하나님을 믿는 사람을 무고하게 업신여긴 적이 있는가?
5. 하나님 아닌 다른 것을 자신의 수호자 혹은 수호물로 여겼던 경험이 있는가?
6. 자신의 어두운 측면과 숨겨진 허물을 있는 그대로 받아 주었던 사람이 있었는가?
7. 주께서 우리의 죄와 허물과 못된 습관으로부터 벗어나 새로운 삶으로 변화시키실 능력이 있다고 믿어지는가?
8. 예수 그리스도의 십자가의 죽음이 자신의 죄와 허물과 관련이 있다고 믿어진 때는 언제인가?

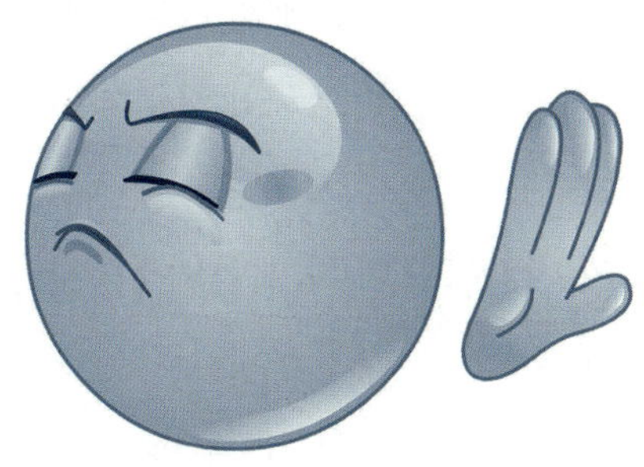

주제 내용 _

하나님에 대한 거절 혹은 교만은 최초의 인류에게서부터 이미 시작되었다. 하나님이 창조하신 첫 사람인 아담과 하와는 에덴동산에서 하나님과 사귐을 갖는다. 이들을 창조하신 하나님께서 '선악을 알게 하는 나무의 열매는 먹지 말라 네가 먹는 날에는 반드시 죽으리라'고 말씀하신다. 그런데 이들은 '너희가 그것을 먹는 날에는 너희 눈이 밝아져 하나님과 같이 될 것이라'는 뱀의 말에 유혹되어 선악과를 따 먹는다. 이후부터 아담과 하와는 하나님의 낯을 피하여 동산 나무 사이에 숨는다(창 3:1-10 참조). 이처럼 하나님의 말씀을 듣지 않고 자기의 유혹에 따라 행동한 아담과 하와는 하나님과의 사귐으로부터 떠나 오히려 하나님을 피하여 숨는 관계로 바뀐다. 아담과 하와는 하나님같이 되려는 허망한 생각으로 마음이 어두워져 빛이신 하나님으로부터 떠나갈 수밖에 없다.

이와 같이 하나님의 창조물인 인간이 창조주인 하나님과 같이 되려는 욕망으로 인하여 스스로 어리석게 되어 썩어지지 아니하는 하나님의 영광을

썩어질 사람과 새와 짐승과 기어다니는 동물 모양의 우상으로 바꿨다(롬 1:22-23). 이 같은 하나님의 영광에 대한 인간의 거부는 마침내 자기 땅에 오신 성자 하나님 예수 그리스도에 대한 거부로 이어진다. 이를 성경에서 "그가 세상에 계셨으며 세상은 그로 말미암아 지은 바 되었으되 세상이 그를 알지 못하였고 자기 땅에 오매 자기 백성이 영접하지 아니하였다"(요 1:10-11 참조)고 말한다.

예수 그리스도에 대한 이 같은 인간의 거부는 빛에 대한 거부이며, 어둠에 대한 선택이다. 빛은 어둠을 뚫고 모든 것을 비추고 드러내는 능력이므로 이 능력 앞에서 어둠 속에 감추어진 죄와 허물과 악함과 곤궁함이 드러난다. 따라서 어둠에 속한 사람은 빛이신 하나님을 피하고 거부한다. 그러나 빛에 사는 사람은 빛이신 하나님 앞에 자신을 드러내기를 즐거워한다. 그럼에도 불구하고 하나님의 은혜는 이 어둠의 힘을 깨뜨리고 감추어진 죄와 허물과 악함과 곤궁함을 씻어내는 능력 자체이다. 그래서 하나님은 이 은혜 안에 우리 모두를 초청하신다.

예수 그리스도는 십자가에 죽으심으로 우리 인간의 모든 허물과 죄를 대신 지신 사랑의 주님이시다. 우리가 어떠한 죄와 허물과 악함과 곤궁함과 같은 어둠 속에 있을지라도 우리 주님은 우리를 그곳으로부터 건져 낼 수 있는 사랑의 주님이시다. 이 같은 사죄의 은혜는 자신의 죄를 자백하고 회개하는 모든 사람을 향한 하나님의 신실하신 약속이다. 신실하신 하나님은 지금도 우리를 향해 "오라 우리가 서로 변론하자 너희의 죄가 주홍 같을지라도 눈과 같이 희어질 것이요 진홍같이 붉을지라도 양털같이 희게 되리라"(사 1:18)고 말씀하신다. 하나님은 언제나 진심으로 회개하는 모든 자들에게 새로운 삶을 살 수 있도록 돌보시는 하나님이시다. 우리를 돌보시는 하나님은 빛을 떠나 어둠 가운데 있는 우리의 죄와 허물을 용서하시는 하나님이시다.

주제와 연관된 성경공부와 말씀묵상 _

힘써 여호와를 알자

본문말씀 호세아 6:1~3

“오라 우리가 여호와께로 돌아가자 여호와께서 우리를 찢으셨으나 도로 낫게 하실 것이요 우리를 치셨으나 싸매어 주실 것임이라 여호와께서 이틀 후에 우리를 살리시며 셋째 날에 우리를 일으키시리니 우리가 그의 앞에서 살리라 그러므로 우리가 여호와를 알자 힘써 여호와를 알자 그의 나타나심은 새벽 빛 같이 어김없나니 비와 같이, 땅을 적시는 늦은 비와 같이 우리에게 임하시리라 하니라”

기도요점

남과 북의 단절로 말미암아 상처받고 찢겨진 마음으로 애통하며 하나님께 중보기도를 해 본 경험이 있는가? 중보기도 할 때 하나님으로부터 온 느낌은? ‘여호와께 돌아가자’라고 호세아가 권면하는데, 이 같은 권면을 그가 확신에 차서 할 수 있었던 이유는? 하나님을 더 잘 알고 싶어서 자신이 하고 있는 것은 무엇인가?

도움의 말

당신에게 하나님은 어떤 분이신가? 모든 죄악을 미워하셔서 심판하시는 근엄하신 하나님이신가, 멀리 하늘에 계신 하나님이신가, 혹은 늘 나와 함께하시는 친구 같은 하나님이신가? 인간의 어떤 말로도 크신 하나님을 다 묘사할 수 없음은 분명하다. 그럼에도 불구하고 성경은 우리가 계속하여 만나게 되는 한결같은 하나님의 모습이 있음을 또한 보여준다. 그것은 하나님께서 당신이 창조하신 인간과의 사귐을 기대하시고 기뻐하실 뿐만 아니라 지금도 계속하여 이 교제의 자리로 모두를 초대하고 계신다는 사실이다.

호세아 선지자는 하나님을 떠나 우상숭배와 불법과 타락 가운데 살아가는 이스라엘 백성들을 향해 계속하여 하나님의 뜻을 전한다. 그 핵심은 '네 하나님 여호와께로 돌아오라'는 것이다. 본문은 바로 이러한 하나님의 뜻을 전하는 호세아 선지자의 권면인 동시에 회개의 자리에 선 하나님의 백성들이 뉘우침 속에서 서로에게 주는 권면이기도 하다.

이 권면 속에서 우리는 하나님의 네 가지 모습을 발견할 수 있다. 첫째, 하나님을 기다리시는 하나님이시다. 호세아 선지자는 계속하여 '돌아오라' 혹은 '돌아가자'고 외친다. 그가 이렇게 선포할 수 있었던 근거는 지금 하나님께서 기다리고 계시기 때문이다. 하나님은 지금도 우리가 주님께로 돌아서서 가까이 나아오길 기다리고 계신다. 둘째, 기다리시는 하나님은 회개하는 자를 용서하시는 하나님이시다. 비록 우리의 죄악으로 인한 결과가 비참할지라도 돌이켜 하나님을 향할 때, 하나님은 찢어진 상처를 보듬고 싸매어 주시는 자비하신 하나님이시다. 셋째, 하나님은 우리의 상처를 싸매실 뿐 아니라, 확실하게 회복시키시는 하나님이시다. 이를 호세아는 "이틀 후에 우리를 살리시며 셋째 날에 우리를 일으켜 우리로 그의 앞에서 살게 하시리라"(호 6:2)고 말한다. 마지막으로, 하나님은 확실한 사귐의 은혜 안으로 우리를 초대하시는 하나님이시다.

우리가 하나님을 알기를 힘쓰며 그분과의 사귐을 이루어 갈 때, 하나님께서는 태양을 머금은 '새벽 빛같이 어김없이' 자신을 나타내신다. 그리고 만물을 소성케 하는 이른 비와 '늦은 비와 같이 우리에게 임하셔서' 여호와를 알기를 사모하는 모든 자들에게 하나님과의 사귐 속에 있는 풍성한 은혜를 누리게 하신다.

묵상 나누기

위에서 묵상한 내용을 간략히 기록하고 함께 나눈다.

찬송

"나의 영원하신 기업"(435장)

9. 네 탓이라는 변명의 뿌리는?

주제와 연관된 질문 _

1. 가족들 사이에 다툼이 있을 때 이 다툼의 원인을 누구에게 돌리는가?
2. 가족 간에 문제가 있을 때 이 문제로 인하여 부부가 불화 내지 소원한 관계를 가졌던 경험이 있는가?
3. 들의 꽃이나 동물들을 대하는 자신의 태도는?
4. 자신이 처해 있는 곳에서 다른 사람에게 자신의 삶의 스타일을 밀고 나가는 경향이 있는가?
5. 가장 가까웠던 사람과의 사귐의 단절로 인하여 입은 고통을 극복해 본 경험이 있는가?
6. 남북 공동체 안에서 성도들 상호간의 사귐의 단절로 힘들었던 경험이 있는가?
7. 자신의 이익과 무관한 일에 협조적인가?
8. 주변 사람들에게 관심이 있는가? 있다면 그들에게 관심을 표현하는 자신의 방법은 무엇인가?

주제 내용 _

우리가 살아가는 시대를 흔히 '단절과 소외의 시대'라고 부른다. 고독사가 늘어가고, '묻지마' 범죄가 뉴스를 장식하고, 1인 가구가 급속히 증가하고, 이웃이 누구인지조차 알지 못하는 아파트 문화가 우리의 삶의 중심부를 관통한 지 오래다. 자기중심적이고 개인주의화된 삶의 단면들은 이 시대의 상징이다. 이 시대는 철저한 무관심과 극렬한 싸움의 냉온탕을 오간다. 자신의 이익과 직결되지 않는 문제에 대해서는 냉소와 무관심으로 대응하지만, 자신의 이익과 직결되는 문제를 위해서는 곧바로 투쟁의 옷을 입는다. 필요하다면 돈과 권력과 학력과 지위를 부당하게 이용한다.

게다가 우리는 자신의 주장을 관철시키기 위해서라면 때로는 폭력을 동반하며 힘을 과시하기도 한다. 예를 들면, '나'를 위해 '너'는 2등이 되어야 하고, '너'가 '나'를 위해 존재해야 '나'는 행복하다. 그래서 사람과 사람 사이의 건강한 소통이 숨 쉴 자리가 없다. 그렇게 사람들 사이에 보이지 않는 벽, 사람과 사람 사이의 이 같은 단절로 인하여 경험하는 소외감을 느끼면서 우리는 살아간다. 이러한 힘의 과시와 소외감은 개인적으로만 끝나는 것이 아니다. 어떤 때는 내가 속한 집단이나 단체가 잘되기 위해서 다른 집단이나 단체를 향하여 힘을 과시하고 때로는 폭력도 동반하는데, 이것이 바로 '집단 이기주의'이다.

성경은 이러한 단절과 소외 뒤에 도사리고 있는 죄의 문제를 지적한다. 단절과 소외는 죄로 말미암아 하나님과 인간 사이의 사귐이 끊어진 우리 인간의 불가피한 실존이다. 이처럼 우리 인간의 실존은 우리의 본질적 근거인 하나님과의 사귐을 상실하였으므로 더 이상 하나님과의 사귐을 가질 수 없다. 하나님과의 사귐이 단절된 우리 인간 실존은 자기중심적인 욕망과 교만과 상대적 비교의식 때문에 불만과 적개심으로 둘러싸인 세계 속에 있다. 이 속에서 다른 사람들과 관계를 맺고 사귐을 가져야 되는 것이 우리의 실존상황이다. 이런 실존 상황에서 우리는 누구나 우리의 삶의 현장 어느 곳에서든지 우리 자신의 삶의 방식을 다른 사람들에게 강요하며 살려고 하기 때문에, 서로 불화하고 행복하지 못하다.

이런 의미에서 하나님과의 사귐의 단절은 하나님과의 단절로 끝나는 것이 아니라 자기 자신, 다른 사람, 더 나아가 하나님이 창조하신 피조세계와의 단절과 소외를 가져온다. 이러한 우리의 실존의 단절과 소외의 문제는 오직 성령의 역사로 십자가에서 죽으신 예수 그리스도를 믿음으로 말미암아 해결 가능하다. 성령 안에서 예수를 그리스도로 믿는 우리의 믿음으로 인하여 우리는 하나님과 관계 회복뿐만 아니라 우리 자신과의 화해, 더 나아가 다른 이들과 피조세계와의 화해가 이루어진다.

그가 나를 꾀므로 내가

본문말씀 창세기 3:8~14

"그들이 그 날 바람이 불 때 동산에 거니시는 여호와 하나님의 소리를 듣고 아담과 그의 아내가 여호와 하나님의 낯을 피하여 동산 나무 사이에 숨은지라 여호와 하나님이 아담을 부르시며 그에게 이르시되 네가 어디 있느냐 이르되 내가 동산에서 하나님의 소리를 듣고 내가 벗었으므로 두려워하여 숨었나이다 이르시되 누가 너의 벗었음을 네게 알렸느냐 내가 네게 먹지 말라 명한 그 나무 열매를 네가 먹었느냐 아담이 이르되 하나님이 주셔서 나와 함께 있게 하신 여자 그가 그 나무 열매를 내게 주므로 내가 먹었나이다 여호와 하나님이 여자에게 이르시되 네가 어찌하여 이렇게 하였느냐 여자가 이르되 뱀이 나를 꾀므로 내가 먹었나이다"

기도요점

어렸을 때, 형제나 자매들과 연합해서 부모를 속여 본 경험이 있는가? 남과 북의 문제를 비롯하여 우리가 직면한 문제들의 원인을 다른 사람에게 전가하는 경향이 있는가? 하나님께서 하지 말라고 하신 것을 하고 싶은 충동을 느껴 본 경험이 있는가?

도움의 말

하나님께서 선악과를 따 먹지 말라는 말씀을 거슬러 선악과를 먹은 아담과 하와의 첫 반응은 수치심에 가득 차 자신들의 벗은 몸을 가리는 행위였다. 그리고 그들은 동산을 거니시는 여호와 하나님의 소리를 듣고 그분의 낯을 피하기 위해 동산 나무 사이에 숨는다. 하나님의 말씀을 듣지 않은 아담과 하와는 더 이상 하나님과 가까운 관계에 머물 수가 없기 때문에, 하나님으로부터 떠나 숨게 된 것이다. 바로 이것이 성경에서 말하는 죄다. 이 죄는 하나님의 말씀을 불순종함으로 말미암은 결과이다.

이로 인하여 하나님과 더불어 교제하면서 하나님께서 부탁하신 에덴동산을 경작하고(창 2:15) 하나님께서 이끌어 내신 각종 짐승과 새들에게 이름을 붙이던(창 2:19) 아담은 하와의 유혹으로 하나님의 말씀을 거슬러 선악과를 따 먹었다고 자기의 선택의 책임을 하와에게 전가한다. 이처럼 자신의 선택에 따른 불순종의 잘못을 다른 사람에게 돌리고 핑계하는 것 자체가 하나님을 떠난 인간의 죄의 다른 양상이다. 이런 불순종은 인간관계에만 아니라 하나님과 더불어 교제하면서 하나님께서 부탁하신 에덴동산에서 추방되어 경작할 수 없게 되었다. 이는 하나님의 말씀에 대한 불순종이 피조세계 전체에도 영향을 미친다는 것을 의미한다.

이 같은 인간의 죄에도 불구하고 하나님께서는 불순종하여 숨어 있는 아담과 하와를 찾아오셔서 "네가 어디 있느냐?"고 부르신다. 이 부르심에 아담은 여전히 숨은 상태로 "내가 동산에서 하나님의 소리를 듣고 내가 벗었으므로 두려워하여 숨었나이다"라고 대답한다. 그런데도 하나님은 그들에게 연이어 "누가 너의 벗었음을 네게 알렸느냐? 내가 먹지 말라 명한 그 나무 열매를 네가 먹었느냐?"라고 물으신다. 이 같은 하나님의 연속적인 질문은 단순한 궁금증이나 책망의 말이 결코 아니다. 오히려 이 질문들은 불순종하여 하나님으로부터 숨어 있는 인간을 향한 애타는 부르심이다. 이 부르심 속에는 하나님의 말씀을 불순종한 사실을 하나님에게 고백하고 잘못했다고 인정하고, 더 나아가 불순종으로 하나님의 낯을 피하여 숨어 있는 상태에서 벗어나 이전처럼 하나님과 가까운 사귐이 회복되기를 간절히 바라는 하나님의 마음이 담겨 있다. 그런데도 불구하고 불순종한 아담은 "하나님이 주셔서 나와 함께 있게 하신 여자 그가 그 나무 열매를 내게 주므로 내가 먹었나이다."라고 하나님의 그 부르심에 대답한다. 이 대답을 보면 아담은 그에게 돕는 배필로 하나님께서 주신 그 여자 때문에 선악과를 먹게 되었다고 원망하는데, 여기서 우리는 자기에게 그 여자를 주신 하나님까지도 은연중에 원망하면서 하와에게 책임을 전가하는 아담을 볼 수 있다.

하나님께서 불순종한 하와에게 "네가 어찌하여 이렇게 하였느냐?"라고 물으신다. 그러자 하와는 "뱀이 나를 꾀므로 내가 먹었나이다."라고 대답한다. 여기서 우리는 하와 역시 하나님의 말씀을 불순종한 책임을 뱀에게 전가하고 있음을 볼 수 있다. 불순종으로 인하여 하나님과의 온전한 사귐의 관계가 파괴된 인간에게 남은 건 상대를 향한 원망과 책임 전가뿐이다.

묵상 나누기

위에서 묵상한 내용을 간략히 기록하고 함께 나눈다.

찬송

"나 이제 주님의 새 생명 얻은 몸"(436장)

10 。

죄로부터 벗어나는 우선순위는?

주제와 연관된 질문 _

1. 죄와 허물을 애통하면서 회개해 본 경험이 있는가?
2. 정직하게 말하는 사람의 잘못을 용서해 본 경험이 있는가?
3. 잘못이나 죄의 문제에 대하여 '사람이 살다 보면 그럴 수도 있지'라고 생각하는가?
4. '모든 사람이 죄를 범하였다'라는 성경말씀에 대한 당신의 반응은?
5. 잘못이나 죄를 범하였을 때, 자기 자신에게 임할 하나님의 벌에 대하여 심각하게 두려웠던 경험이 있는가?
6. 남북의 평화를 위하여 민족적 죄와 허물을 애통하며 회개기도를 해 본 경험이 있는가?
7. 회개기도를 할 때 자신이 생각해 보지도 않았던 죄와 허물을 고백한 경험이 있는가?

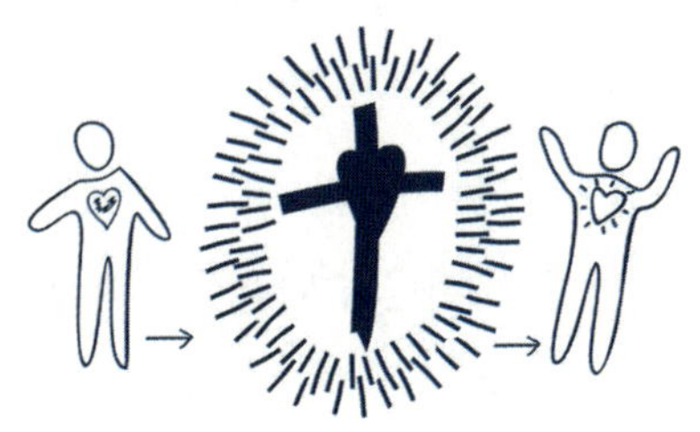

주제 내용 _

1907년 평양을 중심으로 전국을 뒤흔드는 회개운동이 일어났다. 그리고 이 회개운동은 전국의 교회가 부흥되는 부흥의 역사로 이어졌다. 교회역사가들은 이를 '1907년 평양 대부흥운동'이라고 부른다. 실제로 회개의 물결은 1903년 여름 원산의 작은 모임에서 시작되었다. 인도자였던 하디(R.A. Hardie) 선교사가 자신의 내면에 있던 교만과 우월의식과 차별의식을 모든 참석자들 앞에서 고백하며 통회하는 기도를 드렸다. 이를 계기로 계속하여 회개의 기도 모임들이 이어졌다. 그리고 마침내 1907년 평양 장대현교회의 집회에서 길선주 목사를 중심으로 한 큰 회개운동이 일어났다. 길선주 목사는 친구의 유품을 정리하면서 돈을 착복한 사실을 모임에 참석한 성도들 앞에서 낱낱이 고백하면서 눈물로 자신의 죄를 통회하였다. 통성기도가 계속되면서 참석한 모든 사람들이 가슴을 치며 자신의 죄를 고백하고 회개하게 하시는 거대한 성령의 물결이 온 회중을 압도하였다. 이 소문은 삽시간에 전국으로 퍼져 나갔고, 한국교회 전체는 거대한 회개와 부흥의 물결로 뒤덮였다. 그 결과 성도들은 하나님과의 뜨거운 기도의 사귐 속에서 내면과 삶이 함께 변화하는 통전적인 믿음의 역사가 일어나게 되었다.

사도 바울은 "모든 사람이 죄를 범하였으매 하나님의 영광에 이르지 못하더니"(롬 3:23)라고 선언한다. 하나님과 인간의 단절은 죄의 결과이다. 그리고 그 죄의 결과로 인한 죽음은 모든 인류가 함께 짊어진 피할 수 없는 운명이다. 하지만 하나님께서는 죽을 수밖에 없는 죄인들을 그리스도 예수의 구속의 은혜 안에서 죽음에서 생명으로 옮겨 놓으셨다. 예수 그리스도로 말미암아 하나님과 우리 사이의 단절이 해소되고 하나님께 이르는 사귐의 길이 열린 것이다. 우리는 본래 죄인이지만, 하나님께서 그리스도 예수의 구속의 은혜를 믿는 우리를 '의롭다'고 여겨 주신다. 그리고 우리는 우리에게 오신 예수 그리스도의 빛 안에서 날마다 하나님께 더 가까이 나아가는 은혜를 누린다. 그럼에도 불구하고 예수 그리스도로 말미암아 의롭게 되었지만 여전히 죄인인 우리는 삶 속에서 범하는 잘못과 죄의 문제로 씨름한다. 이것이 우리의 한계이며 현실이다. 그렇지만 하나님께서는 우리가 연약한 인생임을 기억하신다. 그래서 우리 하나님은 진심으로 자신의 죄를 고백하고 회개하는 자들을 돌아보시고 용서하신다.

주제와 연관된 성경공부와 말씀묵상 _

회개의 영으로 하나가 된 백성들

본문말씀 느헤미야 9:1~5

"그 달 스무나흗 날에 이스라엘 자손이 다 모여 금식하며 굵은 베 옷을 입고 티끌을 무릅쓰며 모든 이방 사람들과 절교하고 서서 자기의 죄와 조상들의 허물을 자복하고 이 날에 낮 사분의 일은 그 제자리에 서서 그들의 하나님 여호와의 율법책을 낭독하고 낮 사분의 일은 죄를 자복하며 그들의 하나님 여호와께 경배하는데 레위 사람 예수아와 바니와 갓미엘과 스바냐와 분니와 세레뱌와 바니와 그나니는 단에 올라서서 큰 소리로 그들의 하나님 여호와께 부르짖고 또 레위 사람 예수아와 갓미엘과 바니와 하삽느야와 세레뱌와 호디야와 스바냐와 브다히야는 이르기를 너희 무리는 마땅히 일어나 영원부터 영원까지 계신 너희 하나님 여호와를 송축할지어다 주여 주의 영화로운 이름을 송축하올 것은 주의 이름이 존귀하여 모든 송축이나 찬양에서 뛰어남이니이다"

기도요점

이스라엘 백성들에게 그들의 죄와 조상들의 죄와 허물을 회개하도록 촉구하였던 것처럼, 오늘날 분단된 남북의 상황을 바라보며 우리의 죄와 선조들의 죄의 회개를 촉구받아 본 경험이 있는가? 하나님의 말씀 앞에서 눈물 흘리며, 다시 모여 자신과 민족의 죄를 회개했던 이스라엘 백성들의 모습과 심정을 묵상해 보자.

도움의 말

바벨론 포로생활을 청산하고 어려움을 무릅쓰고 예루살렘으로 돌아온 백성들은 하나님께서 제정하신 절기들을 지키는 예배에 참석하는 기쁨을 누린다. 절기로 인한 성회는 마쳤지만, 백성들은 며칠 후 다시 한곳으로 모여든다. 그 이유는 자신들의 잘못을 회개하기 위한 것이었다. 이미 율법의 말씀을 읽고 들음으로 인한 회개의 눈물을 흘렸던 그들이지만(느 8:8-9), 그들은 날을 정하여 보다 온전하고 철저하게 하나님 앞에서 회개했다. 그들은 금식하고, 죄의 자각으로 애통하는 마음을 표시하는 베옷을 입고 티끌을 덮어썼다.

죄에 대한 이스라엘 백성들의 회개는 구체적인 행위와 삶의 변화가 뒤따르는 것이었다. 그들은 자신의 이익을 위해 만들어 왔던 잘못된 관계들을 청산하였을 뿐 아니라, 일어서서 자기 자신의 개인적인 죄를 넘어 공동체의 죄와 허물까지도 하나님 앞에서 회개하였다. 낮 사분의 일(오전 6-9시)은 낭독되는 하나님의 말씀(율법책)을 들었고, 그 결과 이어지는 낮 사분의 일(오전 9시-정오)은 죄를 자복하며 회개하며 하나님을 예배하였다. 그리고 여호와 하나님께 부르짖고 하나님을 찬양하고 송축하며 그분을 경배함으로써 계속하여 하나님과의 깊은 교제의 자리로 나아갔다.

묵상 나누기

위에서 묵상한 내용을 간략히 기록하고 함께 나눈다.

찬송

"놀랍다 주님의 큰 은혜"(251장)

11 。
죄의 삯은?

주제와 연관된 질문 _

1. 남한에 정착하면서 물정을 몰라서 손해를 보거나 어려움에 처하였던 경험이 자신에게 가져다 준 결과는?
2. 화가 날 때 자신의 대처방법은?
3. 화를 다루지 못하여 자신이 직면할 수밖에 없었던 일은?
4. 누군가로부터 '참 나쁜 인간이다' 혹은 '피도 눈물도 없다'는 말을 들었을 때, 자신의 반응은?
5. 하나님을 믿으라는 권고를 수차례 받으면서, 이에 긍정적으로 응답한 결과와 부정적으로 응답한 결과는?
6. 생사를 가리지 않고 추구하였던 일이 있었는가? 그 일은 무엇이며 그 일의 결과는?
7. 하나님을 선택할 것인가 아니면 자신의 이익과 세상의 흐름에 따를 것인가로 고심해 본 경험이 있는가?

그림설명:생명의 길(ETERNIRTY)과 사망의 길(DEATH)의 갈림길에서 자신의 선택은?

주제 내용 _

사람들의 말과 행동에는 항상 이유가 있다. 말과 행동이 의식적으로 이루어지든지 무의식적으로 나타나든지 상관없이 모든 행동과 말에는 명확한 혹은 감추어진 이유들이 있다. 그 이유들을 거슬러 올라가다 보면 그 사람을 움직이는 근원지에 다다르게 된다. 그것이 그 사람이 가장 중요하게 생각하는 것, 즉 그를 움직이게 만드는 원동력이다. 이는 신념이나 사상일 수도 있고, 돈이나 명예나 권력(힘)일 수도 있으며, 가족 혹은 자녀일 수도 있고, 하나님을 향한 믿음일 수도 있다. 그리고 그것을 위해 기꺼이 무엇이든지 할 수 있다면, 그 원동력이 바로 우리의 삶을 지배하는 주인인 셈이다.

이런 관점에서 사람들은 모두 저마다 자신의 주인을 모시고 세상을 살아간다. 신념이나 사상이 자신의 주인일 수 있다. 그 사람은 아마도 그 신념을 따라 세상을 저울질하고 행동하게 될 것이다. 돈이나 명예나 권력이 자신의 주인일 수 있다. 그는 아마도 그 돈과 명예 혹은 권력을 얻기 위해 수

단과 방법을 가리지 않을 것이고, 자기자랑과 비교의식으로 가득 찬 삶을 살아가게 될 것이다. 가족 혹은 자녀가 자기의 주인일 수 있다. 그는 아마도 가족이나 자녀를 위한 것이라면 그 어떤 희생도 치를 각오가 되어 있을 것이고 때로는 옳고 그름을 판단할 여유조차 없을지도 모른다. 그리고 하나님이 진정한 자기의 주인임을 고백할 수도 있다. 그는 아마도 하나님께서 무엇을 기뻐하시는지를 여쭙고 자신을 살피며 그의 삶을 살아갈 것이다.

이처럼 우리는 항상 무엇인가를 따라 살아간다. 그래서 성경은 무엇을 선택할 것인지를 우리에게 묻는다. 예를 들면, 여호수아는 이스라엘 백성들을 향해 "너희가 섬길 자를 오늘 택하라 오직 나와 내 집은 여호와를 섬기겠노라"(수 24:15)라고 말하면서 결단을 촉구한다. 이에 대하여 이스라엘 백성들은 "우리도 여호와를 섬기리니 그는 우리 하나님이시니이다"라고 응답한다. 그런데 성경은 인간은 결코 두 주인을 동시에 모시고 살아갈 수 없다고 말씀한다. 그래서 예수님께서는 "한 사람이 두 주인을 섬기지 못할 것이니 혹 이를 미워하고 저를 사랑하거나 혹 이를 중히 여기고 저를 경히 여김이라 너희가 하나님과 재물을 겸하여 섬기지 못하느니라"(마 6:24)라고 말씀하신 것이다.

어떤 주인을 모시고 사는지에 따라 삶의 결과가 달라진다는 것은 분명하다. 당신은 지금까지 무엇을 따라 살아왔는가? 진정으로 모시고 따를 수 있는 인생의 진정한 주인을 만났는가? 혹시 지금도 어정쩡하게 서서 갈팡질팡하고 있는가? 이제 당신의 선택과 결단은 무엇인가?

죄의 삯은 사망이요 하나님의 선물은 영생

본문말씀 로마서 6:15~23

"그런즉 어찌하리요 우리가 법 아래에 있지 아니하고 은혜 아래에 있으니 죄를 지으리요 그럴 수 없느니라 너희 자신을 종으로 내주어 누구에게 순종하든지 그 순종함을 받는 자의 종이 되는 줄을 너희가 알지 못하느냐 혹은 죄의 종으로 사망에 이르고 혹은 순종의 종으로 의에 이르느니라 하나님께 감사하리로다 너희가 본래 죄의 종이더니 너희에게 전하여 준 바 교훈의 본을 마음으로 순종하여 죄로부터 해방되어 의에게 종이 되었느니라 너희 육신이 연약하므로 내가 사람의 예대로 말하노니 전에 너희가 너희 지체를 부정과 불법에 내주어 불법에 이른 것 같이 이제는 너희 지체를 의에게 종으로 내주어 거룩함에 이르라 너희가 죄의 종이 되었을 때에는 의에 대하여 자유로웠느니라 너희가 그 때에 무슨 열매를 얻었느냐 이제는 너희가 그 일을 부끄러워하나니 이는 그 마지막이 사망임이라 그러나 이제는 너희가 죄로부터 해방되고 하나님께 종이 되어 거룩함에 이르는 열매를 맺었으니 그 마지막은 영생이라 죄의 삯은 사망이요 하나님의 은사는 그리스도 예수 우리 주 안에 있는 영생이니라"

기도요점

자신은 누구의 종이라고 생각하는가? 사망의 음침한 골짜기에서 헤매었던 경험이 있는가? 자기가 현재 추구하고 좇아가고 있는 것은? 자신의 주인이 하나님으로 바뀌어진 은혜를 경험한 때는 언제인가? 자신이 사망의 골짜기로부터 벗어나서 하나님의 선물인 영생에 이르는 길에 임하였던 기쁨을 회상해 보자.

도움의 말

사도 바울은 예수 그리스도로 말미암아 하나님의 은혜 아래 있기 전 우리의 상태를 '죄의 종'으로 묘사한다. 불순종으로 인한 죄로 하나님과의 관계가 끊어진 인간은 결국 죄에 매어 죄의 종으로 살아갈 수밖에 없는 존재이다. 그리고 죄의 종이 얻을 수 있는 열매는 사망, 즉 영원한 멸망뿐이다. 그런데 바울은 우리가 죄의 종이 되었던 자리에서 해방되었다고 선언한다. 그래서 감격하면서 '하나님께 감사하라'고 선포한다. 이제 그리스도 예수 안에 있는 자들은 죄로부터 해방되었을 뿐 아니라, 하나님께 순종하는 의의 종이다.

영적인 차원에서 사람은 죄에 속한 죄의 종으로 살아가든지 하나님께 순종하는 의의 종으로 살아가든지 어느 한 편에 속할 수밖에 없다. 제3의 길은 없다. 라오디게아 교회처럼 '차지도 아니하고 뜨겁지도 아니한'(계 3:15) 것은 엄격한 의미에서 여전히 죄의 종으로 살아가고 있다는 반증이다. 왜냐하면 그리스도의 십자가의 은혜를 입어 하나님께 속한 자는 이전의 죄악 된 삶을 떠나 하나님의 백성다운 새로운 삶을 살아갈 수 있기 때문이다.

이제 사도 바울은 "전에 너희가 너희 지체를 부정과 불법에 내주어 불법에 이른 것같이 이제는 너희 지체를 의에게 종으로 내주어 거룩함에 이르라" 고 권면한다. 왜냐하면 죄의 종으로 부정과 불법에 자신을 내어주었을 때 얻을 수 있는 열매는 부끄럽고 그 마지막은 사망으로 끝이 나지만, 죄로부터 해방되고 하나님께 종이 된 자는 거룩함에 이르는 열매를 맺고 그 마지막에는 영원한 생명이 약속되어 있기 때문이다. 이에 사도 바울은 분명하게 선언한다. "죄의 삯은 사망이요 하나님의 은사(선물)는 그리스도 예수 우리 주 안에 있는 영생이니라"(롬 6:23).

묵상 나누기

위에서 묵상한 내용을 간략히 기록하고 함께 나눈다.

찬송

"나 행한 것 죄뿐이니"(274장)

12.
내가 믿는 것은?

주제와 연관된 질문 _

1. "세상에 믿을 사람 없다"는 말에 대한 자신의 반응은?
2. 누군가가 호의를 베풀 때, 그 사람 속에 숨겨진 저의를 살피는가?
3. 세상엔 돈밖에 믿을 게 없다고 말하는 이들이 많은데, 이 말에 대한 자신의 반응은?
4. 새로운 터전에 정착할 때, 자신이 가장 신뢰할 수 있었던 사람이 있었는가?
5. 믿었던 사람으로부터 배신당한 후, 이것이 다른 사람들과의 관계에 미친 영향은?
6. 자신은 직접 보고 들은 바 외에는 믿어지지 않는 성향의 사람인가?
7. 가정과 교회, 그리고 국가가 자신을 보호해 줄 울타리라는 믿음이 가는가?

주제 내용 _

흔히들 우리가 사는 이 시대를 빗대어 '불신의 시대'라고 표현한다. 학생이 교사를 불신하고, 부부가 서로를 믿지 못하고, 성인자녀가 노부모를 외면하고, 낯선 전화번호에 먼저 보이스피싱을 의심하고, 인터넷을 떠도는 신문기사와 소식들이 가짜뉴스인지 여부를 따져야 하는 세상에서 우리는 살아가고 있다. 누군가 호의를 베풀면 그 속에 숨겨진 저의가 무엇인지를 살피기 위해 눈을 가늘게 뜨는 시대, 다른 사람의 상처를 보면 학대를 받고 있는가를 의심하는 시대, 노력에 따른 정당한 대가를 받지 못한 경험들이 쌓여 작은 일에도 쉽게 분노하는 시대에 우리는 살고 있다. 이런 이유로 자기 자신 외엔 아무도 믿지 말자고 스스로 다짐하면서 타인을 향해 더 높은 불신의 벽을 쌓아가는 시대, 그래서 세상에는 돈밖에 믿을 게 없다는 표현을 스스럼없이 사용하는 시대, 그것이 오늘 우리의 자화상이다.

신용카드 한 장이면 모든 것이 가능하다고 말하는 신용사회에 살고 있지만, 사람과 사람 사이의 불신은 상한선이 무너진 지 오래다. 안전과 평화와 풍요로운 삶을 갈망하며 이 모임 저 모임을 기웃거리고, 돈과 명예와 성공을 위해서 미친 듯이 앞만 행해 달려가고, 때로는 미래에 대한 염려를 내려놓고자 21세기 대한민국의 한복판에서 무속인을 찾기를 주저하지 않지만, 우리는 여전한 불신과 불안의 늪에서 허덕이며 늘 채워지지 않는 갈증으로 목말라 한다.

성경은 이처럼 인간들 사이에 넘쳐나는 거짓과 속임과 학대와 같은 불신의 현상들은 하나님으로부터의 소외와 단절, 즉 하나님의 말씀의 거부에 기인한다고 분명하게 선언한다. "양식이 없어 주림이 아니며 물이 없어 갈함이 아니요 여호와의 말씀을 듣지 못한 기갈이라"(암 8:11). 성경에서 이를 인간이 인간을 창조한 하나님으로부터 단절되어 하나님으로부터 떠나 있는 실존적인 상태로 본다. 하나님을 떠난 인간의 실존은 자기 자신과 자신의 세계를 모든 것의 중심으로 삼으려는 성향을 갖는다. 그렇기 때문에 인간관계는 자기중심적이 되고, 인간들 사이에 신뢰와 사랑을 바탕으로 하는 진정한 관계를 원활하고 친밀하게 그토록 갖고 싶지만 그런 인간관계를 가질 수가 없는 것이 인간실존이다. 우리 인간실존에서 모든 관계의 기저에 불신이 깔리고, 그 결과 고독과 소외를 경험하면서 아울러 진정한 인간관계에 대한 갈망으로 갈증을 느낀다. 이런 의미에서 인간 실존에서의 불신은 단지 서로를 믿지 못하고 의심하는 현상에 지나지 않는다. 왜냐하면 이러한 불신의 관계는 하나님으로부터 단절되고 소외된 인간의 실존을 반영하는 증상이기 때문이다.

네 손을 내밀라

본문말씀 요한복음 20:24~29

"열두 제자 중의 하나로서 디두모라 불리는 도마는 예수께서 오셨을 때에 함께 있지 아니한지라 다른 제자들이 그에게 이르되 우리가 주를 보았노라 하니 도마가 이르되 내가 그의 손의 못 자국을 보며 내 손가락을 그 못 자국에 넣으며 내 손을 그 옆구리에 넣어 보지 않고는 믿지 아니하겠노라 하니라 여드레를 지나서 제자들이 다시 집 안에 있을 때에 도마도 함께 있고 문들이 닫혔는데 예수께서 오사 가운데 서서 이르시되 너희에게 평강이 있을지어다 하시고 도마에게 이르시되 네 손가락을 이리 내밀어 내 손을 보고 네 손을 내밀어 내 옆구리에 넣어 보라 그리하여 믿음 없는 자가 되지 말고 믿는 자가 되라 도마가 대답하여 이르되 나의 주님이시요 나의 하나님이시니이다 예수께서 이르시되 너는 나를 본 고로 믿느냐 보지 못하고 믿는 자들은 복되도다 하시니라"

기도요점

부활하신 주님이 믿어지는가? 부활하신 주님을 믿지 아니하는 도마를 찾아와 자신의 손과 옆구리를 만져 보고 믿도록 도우시는 예수님이 자신에게 어떻게 와 닿고 있는가? "도마도 함께 있고 문들이 닫혔는데 예수께서 오사 가운데 서서 이르시되 너희에게 평강이 있을지어다 하시고 도마에게 이르시되 네 손가락을 이리 내밀어 내 손을 보고 네 손을 내밀어 내 옆구리에 넣어 보라 그리하여 믿음 없는 자가 되지 말고 믿는 자가 되라"는 주님의 말씀에 대한 자신의 반응은?

도움의 말

디두모라 하는 도마는 부활하신 예수님께서 제자들을 만나러 오셨던 현장에 있지 않았다. 부활하신 예수님을 목격했다는 다른 제자들의 생생한 증언에도 불구하고 도마는 의심과 불신의 시선을 거두지 않는다. 그리고 나는 '만져봐야만 믿겠다'고 선언한다. 다시 여드레가 지났을 때 제자들이 머물던 집 안에 예수님이 나타나신다. 그리고 도마에게 다가오셔서 "네 손가락을 내밀어 내 손을 만져보고 네 손을 내밀어 내 옆구리에 넣어보라 그리하여 믿음 없는 자가 되지 말고 믿는 자라 되라"고 부탁하신다. 이제 손으로 예수님을 직접 만져 본 도마가 고백한다. "나의 주님이시오 나의 하나님이시니이다"

불신은 불순종으로 인한 죄로 말미암아 하나님을 떠난 인간의 실존이다. 믿음생활을 시작했음에도 불구하고 우리는 종종 우리 자신이 불신의 삶을 살고 있음을 깨달을 때가 있다. 오늘 본문 말씀에서 우리는 예수님의 공생애 기간 동안 예수님을 따라 다녔던 핵심적인 12제자들 중 하나인 도마를 통해 우리가 가진 불신앙의 그림자를 보게 될 뿐 아니라, 그럼에도 불구하고 우리를 믿음의 자리로 인도하시기를 기뻐하시는 예수 그리스도의 사랑과 온유한 성품을 또한 목격한다.

묵상 나누기

위에서 묵상한 내용을 간략히 기록하고 함께 나눈다.

찬송

"이 눈에 아무 증거 아니 뵈어도"(545장)

-집필자 소개
임창복 / Ph. D., 한국기독교교육교역연구원 원장
임영희 / Ph. D., 한국기독교교육교역연구원 상임연구원

남북공동체를 위한
삶이 묻어나는
성경공부2

초판인쇄 2019년 3월 25일
초판발행 2019년 4월 2일
지은이 임창복 임영희
엮은이 사)한국기독교교육교역연구원
주소 12430 / 경기 가평군 가평읍 호반로 1373
전화 (031) 584-8753 / 팩스 (031) 567-5325
총판처 비전북 영업국 (031) 907-3927
등록 No. 17-427(2005.4.7.)
ISBN 978-89-93377-47-7 / Printed in Korea

값 10,000원